U0909743

Financial Statement Analysis

从报表看企业

数字背后的秘密

［第3版］

张新民◎著

中国人民大学出版社

·北 京·

前 言

自我国 2002 年开始 EMBA 教育以来，我为全国近 30 所大学的 EMBA 讲授过“企业财务报表分析”课程。在讲授过程中，我发现这是一门令多数学生头疼的课程。究其原因，一是本课程的专业性较强、专业术语过多，影响了学生的兴趣；二是已有的教材缺乏趣味性，尽管逻辑严密，但难以适应 EMBA 学生和企业管理者的特点。

同时，不断有学生问：看报表到底应该看哪些数据？数据背后的管理含义是什么？

EMBA 学生和企业管理者的困惑和关切一直是我完成《从报表看企业——数字背后的秘密》一书的动力。

与前两版一样，这本书向读者展示了一个全新的分析框架——通过对财务报表的“八看”来满足企业管理者的需求。“八看”的全部内容来自我为期四天的 EMBA“企业财务报表分析”课堂教学的精华。在内容处理上，我运用了比较活泼的语言、虽不精准但足以让读者理解的专业术语和大量亲身经历的案例来阐释相关内容。相信书中的内容会吸引有兴趣的读者。

在书末，我给出了一个比较完整的企业财务报表分析框架和案例分析，以使读者在完成“八看”的学习后能够更加全面地理解财务报表。

应出版社之约，我对第 2 版的内容进行了较大修改和补充。现在呈现给读者的是第 3 版。

与第 2 版相比，本书的主要变化有：

第一，增加了第 3 章。这是应广大读者的建议增加的。增加这一章后，就为读者更好地学习后面的“八看”，尤其是控制性投资的扩张效应奠定了基础，有助于提高学习的实际效果。

第二，对“看战略”一章进行了彻底的改写。改写后的内容提升了通过财务数据挖掘企业战略信息的境界和能力，这部分内容也是我近期研究成果的反映。

第三，对书中大量案例进行了更新。更新后的案例更具时代感。

本书不是一本教材，但适合各类学习财务报表分析的人士使用。

在第 1 版初稿整理过程中，我的硕士生徐红蕾同学做了大量工作。特向她表示感谢！

限于作者水平，书中错误在所难免。恳请读者批评指正。

张新民

目 录

CONTENTS

第 1 章/*Chapter One*

初识企业的基本财务报表

在全面展开本书的核心内容——从八个方面对企业的财务报表进行分析之前，我们先做一些铺垫。根据我给各高校 EMBA 学生和企业高级管理人员的培训经验，先简单介绍一下企业的各类基本业务活动与基本财务报表的关系，这对读者尤其是财会基础知识不太多的读者至关重要。

当然，由于与传统的会计学教师讲授的角度不同，本章内容也会让已经有一定基础的读者有新的收获。

如果读者此前没有学过或者没有全面接触过企业的财务报表，在面对充满了各种数字的财务报表时，可能会感觉比较晕。所谓晕，就是读者在看到这些报表里的数字时，第一，不清楚数字之间的关系；第二，不清楚众多财务报表里的概念及概念之间的关系；第三，不清楚拿到财务报表到底应该看什么。

为了帮助读者解决这个问题，我们首先认识一下企业的几张基本的财务报表。通过报表和业务之间的关系，让大家找一找感觉。这种感觉将是：企业的财务报表绝对不是简单的数字堆砌，而是与企业的各种活动密切相关的。

按照目前我国对企业财务信息的披露要求，企业要编制四张基本的财务报表，分别是资产负债表、利润表、现金流量表和股东权益变动表。在本书中，我们将主要介绍前三张财务报表，至于股东权益变动表，只要读者解决了看前三张财务报表遇到的问题，就完全可以看懂这张报表。因此，单独学习股东权益变动表的意义相对来说不大。

第一张报表：资产负债表

本书收录了特变电工股份有限公司（以下简称特变电工）2015年度的三张财务报表，即资产负债表、利润表和现金流量表。先看一下第一张报表——资产负债表。

特变电工2015年度母公司资产负债表见表1-1：

表1-1　　母公司资产负债表

编制单位：特变电工股份有限公司　　2015年12月31日　　单位：人民币元

项目	年末金额	年初金额
流动资产：		
货币资金	7 307 547 824.23	5 804 671 638.64
交易性金融资产		
应收票据	978 734 156.57	510 351 149.98
应收账款	2 793 824 221.61	2 790 531 754.77
预付款项	1 362 758 355.40	888 424 253.38
其他应收款	2 486 788 684.45	3 274 912 889.42
应收股利	17 200 000.00	8 600 000.00
存货	1 215 373 947.72	2 241 552 232.03
其他流动资产	1 895 684 163.27	654 382 875.19
流动资产合计	18 057 911 353.25	16 173 426 793.41

续前表

项目	年末金额	年初金额
非流动资产：		
可供出售金融资产	14 026 700.00	4 026 700.00
持有至到期投资		
长期股权投资	11 219 126 149.04	10 272 805 886.40
固定资产	2 987 727 252.92	3 068 641 199.86
在建工程	95 900 616.36	68 649 709.55
无形资产	610 945 718.83	617 986 109.04
递延所得税资产	50 686 593.17	39 318 704.24
其他非流动资产	102 928 349.68	
非流动资产合计	15 081 341 380.00	14 071 428 309.09
资产总计	33 139 252 733.25	30 244 855 102.50
流动负债：		
短期借款	957 639 325.92	2 004 312 576.40
应付票据	2 256 494 216.45	1 073 631 025.06
应付账款	2 082 806 000.88	2 083 739 964.60
预收款项	2 155 681 658.69	3 973 153 594.59
应付职工薪酬	45 834 642.96	31 480 947.44
应交税费	100 821 828.22	51 503 516.98
应付利息	78 287 123.12	70 151 780.71
应付股利	512 000.00	512 000.00
其他应付款	2 096 446 155.40	1 196 896 939.52
一年内到期的非流动负债	1 750 000 000.00	500 000 000.00
其他流动负债	1 025 119 450.00	521 570 700.00
流动负债合计	12 549 642 401.64	11 506 953 045.30
非流动负债：		
长期借款	2 939 000 000.00	750 000 000.00
应付债券	700 000 000.00	1 700 000 000.00
预计负债	420 553 284.00	419 346 955.00
递延收益—非流动负债	160 629 017.00	135 152 500.00
非流动负债合计	4 220 182 301.00	3 004 499 455.00
负债合计	16 769 824 702.64	14 511 452 500.30

续前表

项目	年末金额	年初金额
所有者权益（或股东权益）：		
实收资本（或股本）	3 249 053 686.00	3 240 133 686.00
资本公积	7 562 801 645.31	7 462 926 040.91
减：库存股	420 553 284.00	419 346 955.00
其他综合收益	87 836 704.89	86 912 410.01
盈余公积	877 356 132.35	772 620 087.56
未分配利润	5 012 933 146.06	4 590 157 332.72
归属于母公司所有者权益合计	16 369 428 030.61	15 733 402 602.20
所有者权益合计	16 369 428 030.61	15 733 402 602.20
负债和所有者权益总计	33 139 252 733.25	30 244 855 102.50

一、资产负债表的基本关系：资产＝负债＋股东权益

（一）基本关系

请读者先找到这张报表中有关资产的最后一行数字，会发现资产总计的年末（2015年12月31日）金额为33 139 252 733.25元。

大家看这张报表时，关注的重点不是资产总计的具体数字，而是资产总计与负债和股东权益总计的关系。我们看一下：资产总计在这张报表的上部（也可以在左边），负债和所有者权益总计在下部（也可以在右边），年末金额也是33 139 252 733.25元。这里的所有者权益也可以称为股东权益（后面会继续介绍其内涵）。可见，在资产负债表里有一个重要的关系，这个关系就是资产＝负债＋股东权益。在我们看到的这个案例中，由于对外披露，报表中上部是资产，下部是负债和股东权益。但一般习惯于说资产负债表的左边是资产，右边是负债和股东权益。

请读者再往上看看资产负债表表头所示的内容。你会看到：除

了表明是资产负债表以外，还要明确编制单位和货币单位。此外，还有一个重要的信息值得大家注意，要明确是 2015 年 12 月 31 日。这是什么意思呢？这表明资产负债表展现的是某一天或者某一个特定时点的财务数字。在上市公司信息披露的过程中，有年度报表、季度报表、半年度报表等，所以资产负债表一定要明确是哪一天的，即是 12 月 31 日、9 月 30 日、6 月 30 日、3 月 31 日之中某一天的资产、负债和股东权益的对应关系。因此，我们经常说资产负债表是反映特定时点企业财务状况对应关系的报表，这里的财务状况主要指的是企业能够用货币表现出来的资源状况。

(二) 资产的内涵及其不足

下面请大家看一下资产的情况。资产是指什么呢？如果从专业的角度阐释，大家可能觉得不易理解，难以把握。比如资产的定义是：企业拥有或控制，由过去的交易引起，能够用货币计量且能够为企业带来未来经济利益流入的经济资源。当然，这是对资产的一种比较标准的定义，教材上几乎都是这样表述的，我国的企业会计准则也是这样写的。但是对于各位读者而言，把握资产概念的实质就足够了。这个概念的实质是：资产是能够用货币表现的经济资源，能够用货币表现的经济资源就属于资产。

换句话说，很难用、不宜用或者不能用货币表现的各种资源，我们可能在资产负债表里看不到。比如说，大家报考一所特定的大学，想到这所学校去学习。我绝对相信，大多数学生和家长没有看过这所大学的财务报表。大家想一想自己是不是这样：在报考某所大学、高中、初中乃至选择小学时，没有人是看了一所学校的财务报表后才作出决定的。

那么，是什么起作用了呢？就是学校的名字。有的是四个字，有的是六个字，有的字数更多或者更少。甭管是哪几个字，学校的品牌或者学校的名称虽然在资产负债表上看不到，但它实际上是学校的一笔巨大的无形资产。这个重要的无形资产却没有列在财务报表里。大家看企业的财务报表也会发现这一点。

比如说一个消费者到一家拥有很多分店的餐馆去就餐，在就餐前会想什么？是不是想先看一下这个招牌餐馆的财务报表才去吃饭？我相信正常的人肯定不是这样。消费者在消费时看重的是招牌而不是财务报表。实际上在消费者的这个决策过程中，吸引消费者的最重要的无形资产——企业的招牌在财务报表里往往并未得到体现。当然，并不是所有的无形资产在财务报表里都未得到体现，但是企业的大多数无形资产由于会计的特殊性而不记入资产负债表。

要思考的另一个问题是企业的人力资源是否列入财务报表。大家想一想，人力资源是不是企业相当重要的资源？肯定是！但是，"人力资源"作为一项资产是否体现在企业的财务报表里了呢？

2004年，我到清华大学经济管理学院去给EMBA学员上课。那次恰巧赶上他们的移动课堂搬到北京郊区的一家奶制品企业去上，我顺便参观了该企业的牛。在看牛的过程中，我问了一个问题：企业的牛力资源在会计里是怎么处理的？结果企业的负责人跟我讲，您是老师吧。我说，是老师。对方说，您问的这个问题非常专业，在我们企业，牛力资源在幼牛时作为存货（属于流动资产）来处理，即幼牛属于流动资产的存货，当它变成成牛时就转成固定资产了。

我继续问：固定资产是要提折旧的，牛力资源的折旧期是几年呢？对方的回答是：对于牛力资源这项固定资产的折旧期，

> 我们一般是按照 8 年计算。我说，如果一头牛到第 6 年就有病不能工作了，那怎么办呢？对方说，我们会对这项固定资产进行清理，把它转为“固定资产清理”项目。大家看，奶制品企业的牛力资源，在它给企业服役的整个生命周期的不同阶段，在资产负债表的不同项目之间游走：先是存货，然后是固定资产，最后是固定资产清理。这几个项目在资产负债表里都能找到。

当然，现在有变化：按照新的会计准则，牛力资源属于企业的生产性生物资产。

回过头来再看看我们的人力资源是怎样的情形。人力资源与牛力资源的最大区别是什么呢？主要有两点，一是人力资源的取得成本；二是人力资源为一个特定企业工作的服务期。

大家想一想，人力资源的成长过程是一个社会活动过程，而不是一个家庭内的活动过程。即使一个特定单位为引进一个人才付出了很大代价，也不能完全等同于买了这个人力资源。这个取得成本与牛力资源的取得成本在概念上是有本质区别的。这是第一点。

第二点是人力资源在一个企业里的服务期很难预计。假设我们能够确定引进企业总裁的成本即取得成本的具体金额，但服务期能确定吗？因为总裁个人与企业的关系即使是合同约定的关系，也可能提前解约或连续任职。所以，到现在为止，尽管人力资源已经在概念上属于无形资产了，但人力资源在报表里还是没有作为资产入账。

这就是说，资产负债表里的资产，仅仅是企业全部资源的一部分，是那些可以用货币表现的资源。

这是第一个重要概念。大家要记住：资产仅仅是企业的部分资源。

二、流动资产与非流动资产

大家再看一下特变电工资产的大概结构。按照现在主流的披露方式，资产可以按照流动性分成两大类，第一大类叫流动资产，第二大类叫非流动资产。

（一）流动资产及其三个支柱

从流动资产的名称就可以想象到，它的流动性应该是强的。流动资产的概念简言之就是：一年（或者一个经营周期）之内可以转化为货币资金的资产。流动资产一般一年内可以变现。

请读者观察一下流动资产的构成。大家会发现，流动资产里的项目很多，有货币资金、交易性金融资产、应收票据、应收账款、预付款项、存货、其他应收款等。但是，如果把主要流动资产概括起来，其实就三项。

第一项是货币资金，说通俗一点就是钱。当然，货币资金与可动用的钱还不完全一致。第二项是债权，从应收票据开始。大家可以看到，债权有预付款项、应收票据、应收账款、其他应收款、应收股利、应收利息等。凡是涉及应收和预付的，我们都归于一类，叫债权。这样我们就可以把复杂的、多项目的资产加以归类。第三项是存货，比如一般制造企业的原材料、燃料、在产品和产成品等。

货币资金、债权、存货构成了流动资产的三个支柱。

有的读者会说，我看到另外一些企业的财务报表，比如房地产开发企业的资产负债表，存货的内涵与一般制造企业有显著不同。大家想想看，房地产开发企业的经营周期一般是多长时间呢？绝对不是一年以内。据我了解，房地产开发企业的经营周期一般是三年左右，甚至更长。如果企业捂地不开发，捂盘不销售，那么经营周期就更长。对于房地产开发企业而言，它开发的楼盘就是存货，也属于流动资产。此时，我们就不能用一年以内变现这个标准来要求房地产开发企业了。流动资产的变现周期不是一年以内，而是一个经营周期以内。对于房地产开发企业以及经营周期长于一年的企业而言，一个经营周期之内可以变现的资源为流动资产。因此，相同的概念在不同行业的企业之间可能存在差别。这是要提醒读者注意的。

（二）非流动资产及其三个支柱

在资产负债表中，从流动资产再往下看，就是非流动资产了。从概念来说，非流动资产与流动资产是相对应的。在会计上，我们一般把一年以上可以转化为货币资金的资产或者准备长期利用的资产叫非流动资产。我们过去把非流动资产叫做长期资产，现在要与国际接轨，就叫非流动资产了。

我们再看看非流动资产的具体内容，会发现非流动资产的项目有很多，如可供出售金融资产、持有至到期投资、长期应收款、长期股权投资、固定资产、无形资产，等等。那么，非流动资产能不能再简化简化呢？这是完全可以的。

非流动资产也可以分成三项：第一项是长期投资类，包括可供出售金融资产、持有至到期投资（即长期债权投资）和长期股权投资。请大家特别注意长期股权投资，这是我们后面分析的一个重点，也是企业在发展中大有文章可做的地方。

第二项是固定资产类，包括固定资产、在建工程、固定资产清理、投资性房地产等。注意，投资性房地产不是投资资产而是经营资产。由于它是以获得出租收入为目的的，因而属于固定资产类。

第三项是无形资产类，包括无形资产、开发支出、商誉等。

总结一下，按照现在的主流分类，资产分成两类：一类叫流动资产，另一类叫非流动资产。这是第一个要牢记的。第二个要牢记的是：流动资产有三个支柱，分别是货币资金、债权和存货；非流动资产也有三个支柱，分别是长期投资资产类、固定资产类和无形资产类。也就是说，资产可以分成两大类、六小类。

三、经营资产和投资资产

下面我们再对资产做一个很重要的分类。这是现在的资产负债表里所没有的。把资产分成两类，一类叫经营资产，一类叫投资资产。实际上我在前面提到六个资产项目时，已经做了铺垫。

简单地说，经营资产是指与企业日常经营活动有关的资产，一般包括五项——货币资金、债权、存货、固定资产和无形资产。投资资产则是指企业对外投资所形成的资产，资产负债表上最明显的投资资产项目是交易性金融资产、可供出售金融资产、持有至到期投资和长期股权投资等。

当然，货币资金既可以用于经营活动，也可以用于投资活动。从这个意义上讲，货币资金可以称为通用性资产。

有读者可能会问：资产分成流动资产和非流动资产是按照流动性分类的，经营资产与投资资产是按照什么来分类的呢？在这里要特别强调一下，我是按照对利润的贡献方式来分类的。至于不同的资产对企业利润的贡献是怎样的，我们会在利润表的分析中作详细讨论。把资产按照对利润的贡献方式分成经营资产和投资资产，是我多年研究财务报表分析的成果。我认为，这种分类对于财务报表分析意义重大。读者会有这样的体会：在财务报表分析的过程中，不是流动资产和非流动资产的分类解决了我们的分析问题，在很多情况下，应该是经营资产、投资资产的分类与流动资产和非流动资产的分类相结合，解决了我们的分析问题。

前面的讨论中，我们介绍了经营资产。经营资产以外的资产自然就是投资资产。我们提到了四项投资资产，即交易性金融资产、可供出售金融资产、持有至到期投资和长期股权投资。我们在后面的讲解中会进一步说明，企业的投资资产还可能包括在预付款项以及其他应收款项目里。在一些企业的流动资产中，甚至把短期理财归入其他流动资产或者其他应收款项目。

按照企业经营资产和投资资产在资产总额中所占的比重，企业可以分成经营主导型、投资主导型以及经营与投资并重型。

四、负债

在特变电工资产负债表的下部（也可以在右边）是什么呢？是负债+股东权益。其含义是什么呢？简言之就是企业资产的权益归属。

这就是说，企业的资产回答了资源的规模和结构问题。但是，资产本身并不能回答企业的资产是谁的。而资产负债表中的负债回答了这个问题。企业的资产归属于两类人：一类人是债权人，另一类人是股东（也叫出资人或者所有者）。债权人对企业资产的要求权叫负债，股东或者企业的所有者对企业的资产要求权叫股东权益或者所有者权益。大家看资产负债表是不是非常清楚？在特变电工的资产负债表中，负债和股东权益负债总计的年末金额也是 33 139 252 733.25 元，与资产总计完全相同。

一家企业的董事长曾听过我的课，有一次给我打电话说：我想请教您一个问题，这个问题特别简单，我不好意思问别人。您是老师，不会笑话我。

我说你要问什么问题呢？他说，我从银行借款1亿元，这1亿元是资产还是负债呢？

大家看，这个问题是不是太简单了？能问出这样问题的人，一定是会计基础较薄弱的人。我就跟他说，这个问题确实简单，但是还挺不好解释的。为什么呢？因为这涉及会计账务的处理问题。

一般来讲，拿到贷款的1亿元货币资金肯定使资产增加。你贷款1亿元，拿到钱以后将其作为资产——货币资金入账处理不就完了吗？但是这要在资产负债表的两个地方反映。第一，当你拿到钱的时候，表现为资产增加。但当你想问一问这笔钱是从哪里来的时候，它就表现为负债增加。因为这1亿元是借来的，所以是负债增加。

因此，从银行借款1亿元，既是资产增加1亿元，又是负债增加1亿元。

问题还没有结束。几天以后，企业用这笔钱购买了一批桌子，也就是说这笔钱变成了桌子。你这时还会问这些桌子是资产还是负债吗？

答案是肯定的：桌子是资产。强调一下，单纯的资产形态变化（这里是指不产生增值或减值的形态变化），不影响负债和股东权益的价值量的变化。比如说，假设你今天向别人借款100万元，你记账的结果是资产增加100万元，负债也增加100万元。资产负债表在这项业务完成以后仍然是平的。第二天这100万元被人骗走了，资产变成0了，你能跟对方说“你那笔钱我弄丢了，我就不欠你的了”？没这个道理。尽管你的资产是0，但你还是欠对方100万元。欠不欠是一回事，能不能还是另一回事。

> 一个新概念诞生了：资不抵债。
>
> 当企业的资产小于负债时，企业就处于账面上资不抵债的状况。假如一个企业的资产负债表里，在极端情况下，资产全是借的，即资产是100万元，负债是100万元，股东权益是0。但第二天资产毁损了，资产是0，但负债仍存在，这就叫资不抵债。注意：资不抵债就是企业严重亏损到股东权益被完全侵蚀后的一种状态。

负债也是按照偿还期的长短分成流动负债和非流动负债。大家看一下特变电工资产负债表里的相关项目，体会一下。我们在后面的相关内容中再详细讨论。

五、股东（或所有者）权益

下面我们再看一看股东权益的构成，主要项目有四个。在现阶段，大家大概看一下就行了。这四个主要项目中，第一个项目是股本或者实收资本，在上市公司叫股本，在一般企业叫实收资本。第二个项目是资本公积，第三个项目是盈余公积，第四个项目是未分配利润。

我们可以粗略地把股东权益分成两类或者三类。第一类是股东入资，如一般企业的实收资本、上市公司的股本、由非分红性入资引起的资本公积增加（如上市公司发行股票时的股票溢价就属于资本公积）。第二类是利润积累，包括盈余公积和未分配利润。

第三类是非利润性的资产增值，现在叫其他综合收益。这一类要讲清楚比较困难。在这里，大家有所了解就可以了。什么是非利润性的资产增值呢？一般来说，企业获得利润一定会引起资产的增值。但是获得利润通常还需要一个条件，即要对外交易（现行准则规定，交易性金融资产即使没有对外交易，其引起的增值也属于利润）。把5元钱进的货卖了8元钱，就会有毛利。因为你的货已卖掉了，所以可以确认利润实现。但另一种情形是，我买了5元钱的货，在年度的最后涨到了10元，但是我并没有卖，这就不叫利润引起的增值。如果你要调账（现行准则不允许企业对持有的存货增值进行调账处理），这就是非利润性增值。

还要强调的是，有一些资产增值也不入账，比如在房价上涨情况下家庭买房所发生的增值。假如有一户人家在北京买房，在2005年房价为每平方米8 000元，到现在涨至每平方米8万元，但户主的房子自己住，并不出售。在这种情况下，这个户主既没有利润（因为没有对外交易），也没有非利润引起的资产增值（因为个人是不会进行相关账务处理的），有的只是不入账的资产增值。

企业也一样，可能有很多非入账的资产增值。这在盈利能力比较强、历史比较悠久的企业中是很常见的。

以上介绍的是资产负债表的基本关系：资产＝负债＋股东权益。我们在本书中会反复地强化这些概念。

第二张报表：利润表

下面看看利润表。特变电工2015年度母公司利润表见表1-2：

表1-2 母公司利润表

2015年1—12月 单位：人民币元

项目	本期金额	上期金额
一、营业收入	10 414 126 617.00	8 330 798 003.13
减：营业成本	8 520 945 667.60	6 768 531 638.92
营业税金及附加	31 346 701.54	30 681 663.22
销售费用	343 356 701.02	364 745 054.36

续前表

项目	本期金额	上期金额
管理费用	471 033 382.00	404 260 434.41
财务费用	−70 297 488.42	−60 465 353.47
资产减值损失	54 757 287.36	151 007 204.76
加：公允价值变动净收益		
投资净收益	53 528 148.64	189 607 047.65
其中：对联营企业和合营企业的投资收益	10 597 988.16	−146 053 889.96
汇兑净收益		
二、营业利润	1 116 512 514.54	861 644 408.58
加：营业外收入	103 985 733.41	89 539 836.93
减：营业外支出	15 335 903.08	11 263 212.90
其中：非流动资产处置净损失	467 992.31	286 273.20
三、利润总额	1 205 162 344.87	939 921 032.61
减：所得税	157 801 896.98	94 118 022.05
四、净利润	1 047 360 447.89	845 803 010.56
归属于母公司所有者的净利润	1 047 360 447.89	845 803 010.56
加：其他综合收益	924 294.88	−9 841 656.73
五、综合收益总额	1 048 284 742.77	835 961 353.83
归属于母公司普通股东综合收益总额	1 048 284 742.77	835 961 353.83

利润表是什么？大家先看看表头，除了表明利润表和人民币单位以外，还有一个重要的信息是某年某期。

注意，利润表与资产负债表的最大区别在于，资产负债表反映某一天的状况，而利润表反映某一个时期，如2015年度、2015年1—3月等。

一、净利润

一般来说，利润表的最后一行是净利润。

利润表是反映企业一定时期盈亏状况的报表，那么利润表的基本关系是什么呢？大家看一下，虽然项目比较多，但如果将其简化就会非常简单。

我们可以简单地把利润表的基本关系写成：收入－费用＝利润。这个基本关系通俗易懂：我们把所有对利润的增加有贡献的项目都称为收入，把所有对利润的减少有贡献的项目都称为费用。

读者可以先看看有几项收入。在利润表里，属于利润增加的项目有营业收入、营业外收入、投资收益，还有公允价值变动收益等。还是那句话，不管项目的名称叫什么，凡是使利润增加的因素都认为是收入。

同样，对于费用，我们也不管项目叫什么名称，只要使利润减少都叫费用。比如所得税费用、营业外支出等都是费用，营业成本、营业税金及附加、销售费用、管理费用、财务费用、资产减值损失都是利润表意义上的费用。

二、其他综合收益

大家如果由净利润往下继续看，就会发现一个新项目——其他综合收益。有的读者可能感到困惑：我们讨论的是净利润，怎么突然出现其他综合收益呢？其他综合收益是指什么？为什么利润表的最后一行不是净利润，而是综合收益总额？既然以综合收益总额收尾，为什么还叫利润表，而不是综合收益表？

实际上，综合收益的概念是最近几年才被引入利润表并在报表中体现的。从利润表各个项目之间的相互关系来看，综合收益应该是股东权益中不属于股东入资而增加的部分，这就与资产负债表里的内容联系起来了。

从现在的情况来看，利润表已经名不副实了，确实应该叫综合收益表。只是囿于人们的认识习惯，还保留了利润表这一名称。

简单地说，综合收益包括两部分，一部分是净利润，另外一部分是非利润引起的资产增值，就是现在利润表里的其他综合收益。

形成其他综合收益的项目并不多，如现行会计准则规定，企业的投资资产——可供出售金融资产应该采用公允价值（简言之就是当前的价值）计价。在可供出售金融资产的公允价值高于其取得价值（也就是经常说的历史成本）的条件下，高出的部分就属于其他综合收益。又比如自用房地产转换为以公允价值计量的投资性房地产，转换日公允价值大于账面价值的差额也属于其他综合收益。

几年前的报表中，其他综合收益最后总归属于资产负债表的资本公积，现在作为一个单独项目进行展示。

关于利润表的分析，我们会在本书后面详细讨论。

第三张报表：现金流量表

下面我们看一下第三张报表——现金流量表。特变电工 2015 年度母公司现金流量表见表 1－3：

表 1－3　　母公司现金流量表

2015 年度　　单位：人民币元

项目	本期金额	上期金额
一、经营活动产生的现金流量		
销售商品、提供劳务收到的现金	9 426 704 982.31	8 962 235 634.75
收到的税费返还	150 794 921.14	73 009 522.27
收到其他与经营活动有关的现金	2 657 494 434.56	589 776 718.12
经营活动现金流入小计	12 234 994 338.01	9 625 021 875.14

续前表

项目	本期金额	上期金额
购买商品、接受劳务支付的现金	7 993 503 807.07	7 365 075 986.93
支付给职工以及为职工支付的现金	515 755 094.77	442 953 250.58
支付的各项税费	354 570 570.99	325 517 739.67
支付其他与经营活动有关的现金	676 900 910.16	1 512 421 375.55
经营活动现金流出小计	9 540 730 382.99	9 645 968 352.73
经营活动产生的现金流量净额	2 694 263 955.02	−20 946 477.59
二、投资活动产生的现金流量		
收回投资收到的现金		3 249 400.00
取得投资收益收到的现金	35 232 506.94	337 122 216.26
处置固定资产、无形资产和其他长期资产收到的现金净额	20 930.00	1 018 330.25
处置子公司及其他营业单位收到的现金净额	2 550 000.00	
收到其他与投资活动有关的现金		
投资活动现金流入小计	37 803 436.94	341 389 946.51
购建固定资产、无形资产和其他长期资产支付的现金	314 444 277.48	358 425 797.72
投资支付的现金	2 175 740 781.16	1 627 902 680.00
取得子公司及其他营业单位支付的现金净额		
支付其他与投资活动有关的现金		
投资活动现金流出小计	2 490 185 058.64	1 986 328 477.72
投资活动产生的现金流量净额	−2 452 381 621.70	−1 644 938 531.21
三、筹资活动产生的现金流量		
吸收投资收到的现金	70 200 400.00	4 006 577 966.36
取得借款收到的现金	4 032 386 947.82	2 592 693 376.40
收到其他与筹资活动有关的现金	78 709 210.00	9 788 167.18
发行债券收到的现金	1 000 000 000.00	500 000 000.00
筹资活动现金流入小计	5 181 296 557.82	7 109 059 509.94
偿还债务支付的现金	3 150 747 688.22	2 963 097 402.07

续前表

项目	本期金额	上期金额
分配股利、利润或偿付利息支付的现金	748 652 592.24	725 900 558.22
支付其他与筹资活动有关的现金	516 339 979.36	
筹资活动现金流出小计	4 415 740 259.82	3 688 997 960.29
筹资活动产生的现金流量净额	765 556 298.00	3 420 061 549.65
四、汇率变动对现金的影响	1 056 761.03	22 473 965.71
五、现金及现金等价物净增加额	1 008 495 392.35	1 776 650 506.56
期初现金及现金等价物余额	5 789 156 445.82	4 012 505 939.26
期末现金及现金等价物余额	6 797 651 838.17	5 789 156 445.82

在 20 世纪 80 年代这类报表刚刚面世时，国内会计界将其名称翻译成现金流量表或现金流动表。现在很少有人称之为现金流动表了。我在后面会介绍，现金流动的概念实际上更加重要，也更有利于我们的分析。

注意，现金流量表的表头上显示了时间：某年度或某个时期，如 2015 年度等，这说明现金流量表反映一定时期企业现金及现金等价物的增减变动情况。通俗地讲，现金流量表主要反映的是货币资金的分类增减变化情况，也就是收支情况。

下面看看分类。我国现在的现金流量表将现金流量归于三类活动：一是经营活动；二是投资活动；三是筹资活动。

一、经营活动现金流量

经营活动主要是指企业日常的与流动资产（除交易性金融资产以外）各个项目有关的活动，包括存货采购或者劳务购买、存货销售或者劳务提供、工资支付、税金缴纳等，这些都是大家看得见的。

需要特别注意的是，企业购建固定资产和无形资产虽然形成资产负债表里经营资产中的固定资产、在建工程和无形资产，但在现金流量的分类里，不属于经营活动现金流量，而是属于投资活动现金流量。

二、投资活动现金流量

投资活动是指哪些活动呢？我们看一下现金流量表的流出量就清楚了。从现金流出量的结构来看，这里的投资概念与我们在介绍资产负债表时提到的投资资产在内涵上有差异。投资活动的现金流出量主要包括两种：一种是购建固定资产、无形资产和其他长期资产支付的现金；另一种是投资支付的现金，即企业对外投资支付的现金。看到这里，读者应该有这样的感觉：现金流量表里的投资概念，类似于资产负债表里与非流动资产主要项目有关的现金流出。

这就是说，尽管三张报表是一体化的整体，但在不同的报表里，概念之间其实是有一些差异的。大家应该适应这个情况。套用一句话：这是全球性的问题。

三、筹资活动现金流量

下面我们再看看筹资活动的现金流量。筹资活动的现金流量与找钱有关，谁给企业钱呢？第一是股东或者所有者——股东向企业投入资金；第二是银行或者贷款提供者。

因此，我们应该关注企业筹资活动产生的现金流入量。

在每一类现金流量里，都有一个“其他”项。大家不要小看了这个“其他”项。很多企业的财会人员不会编制现金流量表，将一些自己搞不清楚的数据统统塞进“其他”项。请读者注意各企业现金流量表里的“其他”的内涵。

三张报表的简略概括

一、实力、能力与活力

现在，我们可以简要总结一下三张基本报表所展示的内容。资产负债表展示的是企业的资源结构以及权益归属；利润表展示的是企业在一定时期的效益情况；现金流量表则展示企业的资金是怎么来的，然后是怎么花的。

如果我们对这三张报表各用两个字来概括，可能印象更加深刻：

我们把资产负债表概括为实力，也可以说是财力。企业有没有实力或者财力，应该首先看资产负债表。但它仅仅是一个可以用货币来表现的实力。

我们把利润表概括为能力。企业仅有资源是不够的，资源的价值不在于有多少，而在于在运用的过程中发挥了什么样的效用，产生了什么效益。不要忘了，企业是以盈利为目的的经济组织，所以企业必须有盈利能力。因此，资产是不是有质量，是不是真的有能力，必须表现为盈利能力。

我们把现金流量表概括为活力。从现金流量表可以看到企业的活力。现金流量表既可以展示企业的盈利活动产生现金流量的能力，也可以展示企业的筹资活动和投资活动所引起的现金流转状况。

二、底子、面子和日子

我们再使用另外一种概括方式。这种概括方式最早在21世纪初我的《解读财务报表——案例分析方法》一书中提出，后被业内广泛采用。

我们可以把资产负债表概括为底子，即企业的家底；把利润表概括为面子，即企业有没有面子看利润表；把现金流量表概括为日子，即企业日子过得怎么样要看现金流量表。

这种概括的意义在于：企业的盈利能力、周转能力等的基础是资源，也即家底；由于企业家经常会顾及自己的脸面问题，因此，财务造假的主战场一定是利润表。

这就像人的化妆一样。大家想一想，人为什么要化妆？除了保健以外，化妆的一个最重要的原因是化妆者要达到完全靠自然状况所达不到的外在形象。撇开化妆的保健因素，化妆在很大程度上是对人的外在形象的修饰。也就是说，当外在形象难以维持预期的比较好的状态时，修饰就不可避免了。

人的化妆是这样，企业的财务造假也是这样。当企业的各种状况尤其是盈利状况不太好的时候，企业的财务造假就可能出现。

企业财务造假的一个重要特征就是违反常识。读者可以去看一看一些上市公司财务造假的案例。在财务造假方面最普遍的特点是企业的绩效变化违反常识。

因此可以说，识别假表或者假账一点都不难。只要把真表的特征搞清楚，或者把质量较高的报表的特征搞清楚，就可以在很大程度上对可能出现的财务造假提出质疑。

三、三张报表的内在联系

在本章的最后，我想特别强调一下三张基本财务报表的内在联系。在这三张报表中，资产负债表是一个企业整体财务状况在某一特定日期的综合反映；利润表反映一定时期企业的盈利状况；现金流量表反映一定时期企业的现金流入流出状况。

首先说明一下利润表与资产负债表之间的联系。大家可以看一下资产负债表里股东权益的最后两个项目，一是盈余公积，二是未分配利润。实际上，企业的盈余公积和未分配利润就是企业对利润表中的净利润进行分配的结果。因此，利润表是股东权益中的盈余公积和未分配利润的基础。

下面再看一下资产负债表与现金流量表之间的联系。我们之前在讨论概念时提到，现金流量表是企业货币资金在年度内收支变化情况的反映。请读者注意，资产负债表的第一项就是货币资金。当然，在现金流量表的编制过程中，“货币资金”是指现金和现金等价物（有兴趣的读者可以参考一下会计书籍），其口径与资产负债表的“货币资金”在内涵上会有差异。但是一般来说，现金流量表是对资产负债表第一行“货币资金”这个项目的全部或者主体年度内变化情况的展开说明。

这就是说，利润表和现金流量表，以及其他的各种报表（如股东权益变动表或者将来可能出现的新报表），都是对资产负债表某一个项目或某一组项目的展开说明。

第 1 章我们就讨论到这里。下一章我们将在现有认识的基础之上，通过简单的例子来看一看企业的设立、经营以及发展等活动与报表之间的联系。

第 **2** 章/*Chapter Two*

企业设立、经营与财务报表

第 1 章介绍了企业三张基本财务报表及它们之间的关系。

下面通过一些例子来强化一下对企业的三张报表项目之间以及三张报表和业务之间的内在联系的理解。我们看看资产负债表、利润表和现金流量表是怎样受到企业的一些基本业务的影响的。

我们首先把三张空白的财务报表放在这里，依次如下（见表 2－1 至表 2－3）：

表 2－1 **资产负债表**

项目	金额 （单位：万元）	项目	金额 （单位：万元）
资产		负债	
		负债合计	
		股东权益	
资产总计		股东权益合计	

表 2-2　利润表

项目	金额（单位：万元）
收入	
费用	
利润	

表 2-3　现金流量表

项目	金额（单位：万元）
一、经营活动产生的现金流量	
二、投资活动产生的现金流量	
三、筹资活动产生的现金流量	

这三张基本财务报表是空白的，没有任何数字。现在我们从设立企业开始分析。

第一项业务：企业设立

股东入资货币资金 2 000 万元，投资设立一家企业。

注意，这是股东用真金白银的货币资金来出资设立一家企业。这项业务对于被设立的企业意味着什么呢？

简单地说，就是钱——货币资金来了，也就是货币资金增加 2 000 万元。想一下，在资产负债表中，这 2 000 万元是不是会使货币资金增加？答案是肯定的。

对于企业利用财务报表来展示业务而言，仅仅做到让货币资金增加 2 000 万元是不够的，还必须解释这项业务的来龙去脉。也就是说，财务报表必须对业务的发展脉络有所交代。财务报表必须回答：这2 000万元货币资金是怎么来的？

这就涉及资产负债表的另一个项目的变化。再想一下，在资产负债表中，另外一个受到影响的项目是什么呢？

很明显，这项业务对除货币资金以外的其他资产没有影响，对负债也没有影响，因为它不是通过借债获得的。受到影响的只能是股东权益里的项目。

股东权益里的第一项是实收资本。我们假设这家准备设立的公司是一个非上市的有限责任公司。对于非上市的有限责任公司，其股东出资一般叫实收资本，即实际收到的资本。因此，股东入资2 000万元所引起的增加是实收资本增加2 000万元。

这样处理的结果是，资产负债表是平的。资产（货币资金）2 000万元＝负债（0）＋股东权益（2 000万元）。资产负债表的情况如下（见表2－4）：

表2－4　　资产负债表

项目	金额（单位：万元）	项目	金额（单位：万元）
资产		负债	
货币资金	2 000		
		负债合计	0
		股东权益	
		实收资本	2 000
		股东权益合计	2 000
资产总计	2 000	负债与股东权益总计	2 000

第一项业务的影响

这只是对资产负债表的影响。我们还要看一看对另外两张报表的影响，在这里暂不讨论股东权益变动表。

利润表的基本关系是：收入－费用＝利润。前面提到，一般来说，利润要通过对外交易来实现。显然，股东入资这一活动不是销售活动，企业没有这方面的内容。提醒大家注意，现在的会计业务里，有两项资产是可以不通过对外交易而实现盈利或亏损的。第一项是货币资金由于汇率变化而导致的直接增值或减值，这就是盈利或者亏损。盈利或者亏损不需要对外交易。第二项是交易性金融资产公允价值的变化，按照现行会计准则，交易性金融资产公允价值的变化直接导致盈利或者亏损，对利润表有直接的影响。

大家可以查看第 1 章的利润表，其中有一项叫公允价值变动收益。

股东入资这一业务显然与利润表没关系，不会引起任何利润表项目的变化。

最后，我们看一下这项业务对现金流量表有什么影响。

只要企业与外部有货币资金的往来，现金流量表就一定会反映。

第 1 章提到，企业的现金流量涉及三类活动：经营活动、投资活动、筹资活动。

股东入资是企业获得货币资金的活动，其现金流量应该属于筹资活动的现金流量——筹资活动的现金流入量。由于是股东入资，因此这项资金增加属于吸收股东入资收到的现金 2 000 万元。股东入资对现金流量表的影响示意如下（见表 2－5）：

表 2－5　　　　**现金流量表**

项目	金额（单位：万元）
一、经营活动产生的现金流量	
二、投资活动产生的现金流量	

续前表

项目	金额（单位：万元）
三、筹资活动产生的现金流量	
吸收股东入资收到的现金	2 000
货币资金净增加	2 000

第一项业务的影响

总结一下股东入资对财务报表的影响：本业务对资产负债表的两方均有影响，对利润表没有任何影响，对现金流量表的一个项目有影响。这是第一项业务。股东入资2 000万元设立企业，这家企业就算开张了。

第二项业务：从银行借款

企业从银行借款1 000万元，期限为6个月。

对于这项业务，由于有了第一项业务的基础，大家理解起来就容易多了。这项业务又拿到钱了——是从银行借的。在会计上，欠账期在1年以内的负债叫流动负债，欠账期在1年以上的负债叫长期负债或非流动负债。

这样，本业务对资产负债表的影响是：增加流动负债中的短期借款1 000万元，对利润表还是没有影响，对现金流量表筹资活动的现金流量有影响——取得借款收到的现金增加1 000万元。第二项业务发生后，资产负债表和现金流量表的情况如下（见表2-6和表2-7）：

表2-6　　资产负债表

项目	金额（单位：万元）	项目	金额（单位：万元）
资产		负债	
货币资金	2 000+1 000	流动负债	

续前表

项目	金额（单位：万元）	项目	金额（单位：万元）
		短期借款	1 000
		负债合计	1 000
		股东权益	
		实收资本	2 000
		股东权益合计	2 000
资产总计	3 000	负债与股东权益总计	3 000

第一至第二项业务的影响

表 2-7　**现金流量表**

项目	金额（单位：万元）
一、经营活动产生的现金流量	
二、投资活动产生的现金流量	
三、筹资活动产生的现金流量	
吸收股东入资收到的现金	2 000
取得借款收到的现金	1 000
筹资活动产生的现金流量净额	3 000
四、货币资金净增加	3 000

第一至第二项业务的影响

总结一下从银行借款对财务报表的影响：本业务对资产负债表的两方均有影响，对利润表没有任何影响，对现金流量表的一个项目有影响。

作为企业，没有钱是不行的，但是仅有钱也不行。企业必须让资产不断地变换形态来实现增值。这就需要一些技术条件。

第三项业务：购买无形资产

企业用货币资金400万元购买土地使用权。

为方便起见，我们忽略相关的税金问题（如印花税等），将业务简化为直接用400万元购买一个土地使用权。在中国的会计处理中，土地使用权属于无形资产。

我在这里强调一下，凡是与钱有关的业务，要先把钱的动向说清楚。第三项业务将导致货币资金减少400万元，这400万元变成了无形资产（土地使用权）。因此，企业的无形资产增加400万元。

第三项业务发生后，资产负债表的情况如下（见表2-8）：

表2-8　资产负债表

项目	金额（单位：万元）	项目	金额（单位：万元）
资产		负债	
货币资金	2 000+1 000－400	流动负债	
		短期借款	1 000
		负债合计	1 000
		股东权益	
无形资产	400	实收资本	2 000
		股东权益合计	2 000
资产总计	3 000	负债与股东权益总计	3 000

第一至第三项业务的影响

有人可能会问：这400万元是股东给的还是向银行借的呢？我们在这里没有必要区分。本业务属于资产形态的变化，与负债和股东权益没有关系。

我们说过，资金的使用一定会与现金流量表有关。企业用货币资金400万元购买土地使用权，将导致现金流量表中购建固定资产、无形资产支付的现金增加 400 万元。

第三项业务发生后，现金流量表的情况如下（见表 2－9）：

表 2－9　　**现金流量表**

项目	金额（单位：万元）
一、经营活动产生的现金流量	
二、投资活动产生的现金流量	
购建固定资产、无形资产支付的现金	－400
投资活动产生的现金流量净额	－400
三、筹资活动产生的现金流量	
吸收股东入资收到的现金	2 000
取得借款收到的现金	1 000
筹资活动产生的现金流量净额	3 000
四、货币资金净增加	2 600

第一至第三项业务的影响

大家能否发现资产负债表和现金流量表的内在联系？看看这几项业务，在这两张报表里，现金流量表的内容与资产负债表的内容高度相关。当然，我们在资产负债表里最终只能看到货币资金的一个数字——经过一定时期变化以后的金额。现金流量表则展示了货币资金这个项目的数字变化——期末和期初的变化，这非常清楚地揭示了报表之间的关系。

第四项业务：购买固定资产

企业用货币资金 600 万元购建长期经营用的设备和房屋（为方便起见，假设一次支付，忽略税金、安装调试费、运费等其他因素）。

在会计上，长期经营用的设备和房屋称为固定资产。这项业务用 600 万元的货币资金购建固定资产。与无形资产的购买业务类似，第四项业务的发生对资产负债表的影响是：一项资产（货币资金）减少600万元，另一项资产（固定资产）增加600万元。对现金流量表的影响仍是购建固定资产、无形资产的支出增加600万元。本业务对利润表没有影响。

第四项业务发生后，资产负债表和现金流量表的情况如下（见表2-10和表2-11）：

表2-10　　资产负债表

项目	金额（单位：万元）	项目	金额（单位：万元）
资产		负债	
货币资金	2 000＋1 000－400－600	流动负债	
		短期借款	1 000
		负债合计	1 000
固定资产	600	股东权益	
无形资产	400	实收资本	2 000
		股东权益合计	2 000
资产总计	3 000	负债与股东权益总计	3 000

第一至第四项业务的影响

表2-11　　现金流量表

项目	金额（单位：万元）
一、经营活动产生的现金流量	
二、投资活动产生的现金流量	
购建固定资产、无形资产支付的现金	－400－600
投资活动产生的现金流量净额	－1 000
三、筹资活动产生的现金流量	
吸收股东入资收到的现金	2 000
取得借款收到的现金	1 000

续前表

项目	金额（单位：万元）
筹资活动产生的现金流量净额	3 000
四、货币资金净增加	2 000

第一至第四项业务的影响

下面要讲一些较难理解的业务。通过前面几项业务，企业的设立过程已经结束。然后，企业开始买房、买地、买设备等，为生产经营做准备。现在，企业就该从事具体的生产经营了。

第五项业务：购买存货

企业用货币资金 200 万元购买用于销售的产品（为方便起见，假设一次支付，忽略税金、运费等其他因素）。

用于销售的产品都叫存货。对于这项业务与财务报表关系的分析，我们沿用已经熟悉的套路，凡是与钱有关的业务，先分析钱的流向。

第五项业务的发生对于资产负债表的影响是：一项资产（货币资金）减少 200 万元，另一项资产（存货）增加 200 万元。再强调一下，企业用于销售的或者快速消耗的资产，一般都叫存货。

本业务对于现金流量表有什么影响呢？还是那句话：凡是企业与外部发生货币流转的业务，就一定与现金流量表有关。第 1 章现金流量表里的经营活动现金流出量的第一项，是购买商品、接受劳务支付的现金。本业务将引起购买商品、接受劳务支付的现金增加 200 万元。再一次提醒读者，现金流量表与资产负债表第一项的对应关系是非常清楚的。

第五项业务发生后，资产负债表和现金流量表的情况如下（见表 2－12 和表 2－13）：

表 2-12　　资产负债表

项目	金额（单位：万元）	项目	金额（单位：万元）
资产		负债	
货币资金	2 000＋1 000－400－600－200	流动负债	
		短期借款	1 000
存货	200	负债合计	1 000
固定资产	600	股东权益	
无形资产	400	实收资本	2 000
		股东权益合计	2 000
资产总计	3 000	负债与股东权益总计	3 000

第一至第五项业务的影响

表 2-13　　现金流量表

项目	金额（单位：万元）
一、经营活动产生的现金流量	
购买商品、接受劳务支付的现金	－200
二、投资活动产生的现金流量	
购建固定资产、无形资产支付的现金	－400－600
投资活动产生的现金流量净额	－1 000
三、筹资活动产生的现金流量	
吸收股东入资收到的现金	2 000
取得借款收到的现金	1 000
筹资活动产生的现金流量净额	3 000
四、货币资金净增加	1 800

第一至第五项业务的影响

第六项业务：销售商品

企业将购入的存货中账面价值100万元的货物售出，作价150万元。

3 个月以后收取货款（为方便起见，仍然忽略税金、运费等其他因素）。

这项业务理解起来非常简单：企业把账面 100 万元的货物作价 150 万元卖出去了，只是当时没有收到钱。从资产方面来说，100 万元的资产——存货没有了，变成了 150 万元的债权（也就是资产）。由于这 50 万元的增值是通过对外交易获得的，因此是企业赚得的毛利。

但是，会计的分析和财务报表的反映是基于另外的角度。从企业的日常经营情况来看，我们实际上很难做到在每一项销售业务发生时立即确认所销售的存货的成本。更多情况下，销售活动是企业的销售人员或者业务人员日常完成的事情，成本确认则往往是企业在会计期间结束时由财务会计人员完成的。

请注意，销售活动的实施主体是企业的销售人员或者业务人员，成本确认的实施主体是企业的财务会计人员。

因此，在会计的处理和财务报表的反映上，是从销售和成本确认两个方面分别进行的。

一、销售收入的确认

我们看到，企业通过销售活动已经取得了 150 万元的债权。在会计上，我们在这个阶段不会讨论这 150 万元是由什么换来的。实际上，很多企业存在这样的情况：企业对外销售的不是实体性的存货，而是通过提供劳务或者对外租赁资产而获得收入，比如酒店业企业出租房屋的收入。在对外提供劳务或者对外租赁资产而获得收入的条件下，这种收入的增加并不伴随着某些实体性资源的减少。

会计上的逻辑关系是：企业的 150 万元债权是通过对外销售活动获得的。对外销售所获得的资源增加，既不属于企业的债务，也不属于股东的入资。但企业的这种资源增加属于股东权益的增加。我们把引起这种增加的项目称为营业收入。

因此，企业通过销售活动取得 150 万元的债权对资产负债表的影响是：资产（应收账款）增加150万元，股东权益（营业收入）增加150万元。

第六项业务的营业收入确认后，资产负债表的情况如下（见表2-14）：

表2-14 **资产负债表**

项目	金额（单位：万元）	项目	金额（单位：万元）
资产		负债	
货币资金	2 000＋1 000－400－600－200	流动负债	
应收账款	150	短期借款	1 000
存货	200	负债合计	1 000
固定资产	600	股东权益	
无形资产	400	实收资本	2 000
		营业收入	150
		股东权益合计	2 150
资产总计	3 150	负债与股东权益总计	3 150

第一至第六项业务营业收入确认后的影响

下面看看这项业务对企业的利润表有哪些影响。显然，企业的这项业务引起了利润表的第一个项目“营业收入”的增加。因此，第六项业务的营业收入确认后，利润表的情况如下（见表2-15）：

表2-15 **利润表**

项目	金额（单位：万元）
收入	
营业收入	150
费用	
利润	150

由于本项目不涉及现金流量，因此对现金流量表没有影响。

二、营业成本的确认

我们再次分析本业务，确认取得销售收入（也就是营业收入）的代价，即确认销售成本。很显然，企业获得 150 万元销售收入的代价是 100 万元，也就是销售成本（营业成本）是 100 万元。而与这 100 万元成本相对应的是 100 万元的存货。

从性质来看，由于存在营业成本，本业务的销售收入 150 万元并没有使股东的权益净增加 150 万元。本项销售业务引起的股东权益净增加，是营业收入减去营业成本后的部分，即 50 万元（实际上，营业收入减去营业成本就是我们常说的毛利）。

因此，在确认营业成本时，资产负债表发生了这样的变化：资产（存货）减少 100 万元，股东权益减少（营业成本增加）100 万元。

第六项业务的营业成本确认后，资产负债表的情况如下（见表 2-16）：

表 2-16　　**资产负债表**

项目	金额 （单位：万元）	项目	金额 （单位：万元）
资产		负债	
货币资金	2 000+1 000−400 −600−200	流动负债	
应收账款	150	短期借款	1 000
存货	200−100	负债合计	1 000
固定资产	600	股东权益	
无形资产	400	实收资本	2 000
		营业收入	150
		减：营业成本	−100
		股东权益合计	2 150
资产总计	3 050	负债与股东权益总计	3 050

第一至第六项业务营业成本确认后的影响

同样，企业营业成本的确认引起了利润表的第二个项目“营业成本”的增加。因此，第六项业务的营业成本确认后，利润表的情况如下（见表2-17）：

表2-17 利润表

项目	金额（单位：万元）
收入	
营业收入	150
费用（营业成本）	−100
利润	50

注意：我们进行上述处理，依据的是会计学原理，目的是便于各报表的编制，以展示报表之间的内在联系。这种处理与我们的常识并没有太大的出入：企业的资产增加150万元，是由存货100万元换来的。在交换的过程中，有了50万元的增值。资产增值了50万元，股东权益（毛利）增加了50万元。

到现在，三张基本财务报表的关系已经很清楚了。三张报表的核心是资产负债表，利润表是对股东权益中利润积累部分相关内容的展开说明，现金流量表是对资产负债表的第一项——货币资金在年度内的变化进行的说明。

还有一点需要说明：企业有利润并不等于有现金流量。到现在为止，企业已经获得了利润50万元，但是没有任何现金流入量。造成这种情况的原因是利润表的确认基础是权责发生制，现金流量表的确认基础是现金收付制。有兴趣的读者可以看一下会计学方面的书籍。对于一般读者而言，只需要记住有利润并不等于有现金流量就可以了。

第 3 章/*Chapter Three*

企业对外扩张与财务报表

在第 2 章，我们向读者展示了企业设立、取得贷款、购买各项经营资产以及对外销售等业务对企业报表的影响以及三张基本财务报表之间的内在联系。

本章将继续向读者展示企业对外控制性投资扩张对企业财务状况的影响以及合并报表编制的一般原理。本章的内容对于理解企业合并财务报表至关重要。

在第 2 章完成了六项业务以后，企业的三张报表如下所示（见表 3－1 至表 3－3)。为了方便介绍本章内容，我们在相关报表上增加了一些与企业对外投资相关的项目。

表 3－1　　资产负债表

项目	金额 （单位：万元）	项目	金额 （单位：万元）
资产		负债	
货币资金	1 800	流动负债	
应收账款	150	短期借款	1 000
存货	100	负债合计	1 000

续前表

项目	金额（单位：万元）	项目	金额（单位：万元）
固定资产	600	股东权益	
无形资产	400	实收资本	2 000
对外投资	0	毛利（未分配利润）	50
		股东权益合计	2 050
资产总计	3 050	负债与股东权益总计	3 050

表3-2　　　　利润表

项目	金额（单位：万元）
收入	
营业收入	150
费用（营业成本）	－100
投资收益	0
净利润（毛利）	50

表3-3　　　　现金流量表

项目	金额（单位：万元）
一、经营活动产生的现金流量	
销售商品、提供劳务收到的现金	0
购买商品、接受劳务支付的现金	－200
经营活动产生的现金流量净额	－200
二、投资活动产生的现金流量	
取得投资收益收到的现金	0
购建固定资产、无形资产支付的现金	－1 000
（对外）投资支付的现金	0
投资活动产生的现金流量净额	－1 000
三、筹资活动产生的现金流量	
吸收股东入资收到的现金	2 000
取得借款收到的现金	1 000
筹资活动产生的现金流量净额	3 000
四、货币资金净增加	1 800

第一项业务：对外投资

企业用货币资金 800 万元入资一家企业。

该企业的注册资本为 1 000 万元。此项投资后，本公司获得可以长期持有的股份份额为 80%，且被投资方成为本公司的子公司。投资方因此而成为母公司。持有子公司另外 20%股份的股东也已经出资到位，子公司正式设立。

为此，我们把投资方的财务报表分别称为母公司资产负债表、母公司利润表和母公司现金流量表。

一、此项业务对投资方（母公司）财务报表项目的影响

从投资方的立场来看，这是一项用货币资金对外投资的业务。对于这项业务与财务报表关系的分析，我们仍然沿用已经熟悉的套路，凡是与货币资金有关的业务，先分析货币资金的流向。

此项业务的发生对资产负债表的影响是：一项资产（货币资金）减少 800 万元，另一项资产（长期股权投资）增加 800 万元。需要说明的是，母公司所持有的股份比例，我们不可能在资产负债表上直接解读出来。

此项业务对利润表无影响。

此项业务对现金流量表有什么影响呢？还是那句话：凡是企业与外部发生货币流转的业务，就一定与现金流量表有关。现金流量表里的投资活动现金流出量有一项，是（对外）投资支付的现金。本业务将引起企业（对外）投资支付的现金增加 800 万元。

此项业务发生后，母公司资产负债表和母公司现金流量表的情况如下（见表 3－4 和表 3－5）：

表3-4　　母公司资产负债表

项目	金额（单位：万元）	项目	金额（单位：万元）
资产		负债	
货币资金	1 800－800	流动负债	
应收账款	150	短期借款	1 000
存货	100	负债合计	1 000
固定资产	600	股东权益	
无形资产	400	实收资本	2 000
对外投资	800	毛利（未分配利润）	50
		股东权益合计	2 050
资产总计	3 050	负债与股东权益总计	3 050

第一项业务的影响

表3-5　　母公司现金流量表

项目	金额（单位：万元）
一、经营活动产生的现金流量	
销售商品、提供劳务收到的现金	0
购买商品、接受劳务支付的现金	－200
经营活动产生的现金流量净额	－200
二、投资活动产生的现金流量	
取得投资收益收到的现金	0
购建固定资产、无形资产支付的现金	－1 000
（对外）投资支付的现金	－800
投资活动产生的现金流量净额	－1 800
三、筹资活动产生的现金流量	
吸收股东入资收到的现金	2 000
取得借款收到的现金	1 000
筹资活动产生的现金流量净额	3 000
四、货币资金净增加	1 000

第一项业务的影响

二、此项业务对被投资方（子公司）财务报表项目的影响

此项业务对于子公司来说，是一家企业设立的业务。在前面一章，我们已分析过。所不同的是，在子公司的股权结构中，有至少两个股东：一个是控股股东，持股 80%；另一个是其他股东，共持股 20%。

子公司设立时资产负债表的情况如下（见表 3－6）：

表 3－6　　子公司设立时的资产负债表

项目	金额（单位：万元）	项目	金额（单位：万元）
资产		负债	
货币资金	1 000		
		负债合计	0
		股东权益	
		实收资本	1 000
		股东权益合计	1 000
资产总计	1 000	负债与股东权益总计	1 000

至于入资对子公司其他报表的影响，相信读者已经会分析了。在此不再赘述。

三、投资方合并财务报表的编制

按照会计准则的要求，一旦投资方形成对外控制性投资，母公司就要在会计期末，以母公司报表和子公司报表为基础，编制由母公司和子公司组成的整个集团的合并报表。换句话说，合并财务报表反映的是由母、子公司所形成的企业集团整体的财务状况、经营成果和现金流量状况。

为了方便说明，我们假设在子公司设立后，母公司恰恰在会计期间结束，需要编制合并财务报表。需要注意的是，此项子公司设立活动对母、子公司的利润表均没有影响。

按照当前流行的合并财务报表的编制方法，子公司整体都要并入母公司的财务报表，与母公司的财务报表一起形成合并财务报表。

但是，如果简单地将子公司的财务报表整体直接与母公司财务报表相加，就会造成重复计算。因此，在编制合并财务报表的过程中，必须剔除母公司与子公司之间的业务（包括母公司与子公司之间的投资、资金提供而引起的内部资金往来，产品或者劳务提供业务而引起的销售利润或者亏损等），整体反映母、子公司所形成的整个集团资产、负债与股东权益状况，以及整个集团对外交往所形成的利润和现金流量。限于本书主题，本书仅介绍合并财务报表的编制原理以帮助读者理解合并财务报表与母公司财务报表之间的关系，不详细展示合并财务报表的编制。

在将子公司整体并入母公司相应财务报表的过程中，整个集团净资产和净利润属于子公司非控制性股东的权益部分，在合并报表中以少数股东（实际为非控制性股东）权益或者少数股东损益来反映。而子公司吸纳的非控制性股东的入资，也在合并现金流量表中补充列示。

实际上，合并财务报表的基本原理是：把母公司的长期股权投资和母公司通过其他应收款、预付款项等项目对子公司提供的资金分解或者还原为子公司的个别而具体的资产（减去负债），再将子公司的个别资产（减去负债）剔除重复因素后与母公司相应资产项目直接相加，从而形成合并资产负债表，再把整个集团内子公司净资产中属于子公司非控制性股东所有者的权益部分用“少数股东权益”

列示；把子公司的营业收入与各项利润表项目等剔除重复计算因素，与母公司相应项目直接相加，从而形成合并利润表，再把整个集团内子公司净利润中属于子公司非控制性股东所有者的部分用“少数股东损益”列示；把母公司和子公司对整个集团外的经营、投资和筹资所产生的现金流量整合在一起，形成合并现金流量表，再把子公司吸纳的非控制性股东的入资，在合并现金流量表中的补充项目“其中，子公司吸纳少数股东入资收到的现金”中列示。

这样，在向子公司入资后，合并资产负债表与合并现金流量表如下（见表 3－7 和表 3－8）。此业务对母、子公司的利润表均无影响，因此合并利润表与母公司利润表无区别。

表 3－7　　子公司设立后的合并资产负债表

项目	金额（单位：万元）	项目	金额（单位：万元）
资产		负债	
货币资金	2 000	流动负债	
应收账款	150	短期借款	1 000
存货	100	负债合计	1 000
固定资产	600	股东权益	
无形资产	400	实收资本	2 000
对外投资	0	毛利（未分配利润）	50
		股东权益合计	2 050
		少数股东权益	200
资产总计	3 250	负债与股东权益总计	3 250

表 3－8　　子公司设立后的合并现金流量表

项目	金额（单位：万元）
一、经营活动产生的现金流量	
销售商品、提供劳务收到的现金	0
购买商品、接受劳务支付的现金	－200
经营活动产生的现金流量净额	－200

续前表

项目	金额（单位：万元）
二、投资活动产生的现金流量	
取得投资收益收到的现金	0
购建固定资产、无形资产支付的现金	−1 000
（对外）投资支付的现金	0
投资活动产生的现金流量净额	−1 000
三、筹资活动产生的现金流量	
吸收股东入资收到的现金	2 200
其中：子公司吸纳少数股东入资收到的现金	200
取得借款收到的现金	1 000
筹资活动产生的现金流量净额	3 200
四、货币资金净增加	2 000

请读者注意的是，企业对外控制性投资的扩张效应已经初步显现：企业用800万元的投资，实际支配了子公司1 000万元的资产。这就为企业以较小的资源投入实现更大规模的扩张奠定了基础。

第二项业务：子公司获得贷款

子公司获得为期6个月的贷款500万元。

请注意：这不是母公司的业务，而是子公司的业务。

一、此项业务对投资方（母公司）财务报表项目的影响

此项业务对母公司的报表没有影响。

二、此项业务对被投资方（子公司）财务报表项目的影响

此项业务对于子公司来说，是一个获得贷款的业务。在第1章，我们已做分析。子公司取得贷款后资产负债表的情况如下

（见表 3－9）：

表 3－9　　子公司获得贷款后的资产负债表

项目	金额（单位：万元）	项目	金额（单位：万元）
资产		负债	
货币资金	1 500	短期贷款	500
		负债合计	500
		股东权益	
		实收资本	1 000
		股东权益合计	1 000
资产总计	1 500	负债与股东权益总计	1 500

至于入资对子公司其他报表的影响，相信读者已经会分析了。在此不再赘述。

三、投资方合并财务报表的编制

子公司获得贷款虽然对子公司利润表没有影响，但对子公司的资产、负债规模的影响仍然会影响合并资产负债表与合并现金流量表。子公司获得贷款后的合并资产负债表和合并现金流量表如下（见表 3－10 和表 3－11）。此业务对母子公司的利润表均无影响，因此合并利润表与母公司利润表无区别。

表 3－10　　子公司获得贷款后的合并资产负债表

项目	金额（单位：万元）	项目	金额（单位：万元）
资产		负债	
货币资金	2 000＋500	流动负债	
应收账款	150	短期借款	1 000＋500
存货	100	负债合计	1 500
固定资产	600	股东权益	
无形资产	400	实收资本	2 000

续前表

项目	金额 （单位：万元）	项目	金额 （单位：万元）
对外投资	0	毛利（未分配利润）	50
		股东权益合计	2 050
		少数股东权益	200
资产总计	3 750	负债与股东权益总计	3 750

表3-11　　子公司获得贷款后的合并现金流量表

项目	金额（单位：万元）
一、经营活动产生的现金流量	
销售商品、提供劳务收到的现金	0
购买商品、接受劳务支付的现金	－200
经营活动产生的现金流量净额	－200
二、投资活动产生的现金流量	
取得投资收益收到的现金	0
购建固定资产、无形资产支付的现金	－1 000
（对外）投资支付的现金	0
投资活动产生的现金流量净额	－1 000
三、筹资活动产生的现金流量	
吸收股东入资收到的现金	2 200
其中：子公司吸纳少数股东入资收到的现金	200
取得借款收到的现金	1 000＋500
筹资活动产生的现金流量净额	3 700
四、货币资金净增加	2 500

请读者注意，企业对外控制性投资的扩张效应进一步显现：企业用800万元的投资，实际支配了子公司1 500万元的资产。这就为企业以较小的资源投入实现更大规模的经营活动奠定了基础。

到目前为止，我们已经看到，企业通过对外控制性投资，可以实现在母公司不直接融资的情况下，通过吸纳子公司其他非控制性股东入资、子公司独自获得各类贷款而实现集团整体的资源扩张。

有一个数量关系，请读者特别关注一下：比较母公司资产负债表的长期股权投资和合并资产负债表的长期股权投资，我们会发现，两者之差为企业的控制性投资的基本规模。实际上，企业向子公司提供的投资性资金通道，除了通过长期股权投资项目外，还可能通过其他应收款和预付款项等项目。在本书的后续部分，我们将向读者展示真实企业报表中母公司对子公司控制性投资占用资产投资的识别问题。

另一个请读者注意的问题是：比较合并资产总计与母公司资产总计的差额，我们会发现，这个差额反映了母公司利用控制性投资所增量支配或者撬动的子公司的资源——体现了企业对外控制性投资的综合投资效应。

实际上，随着子公司业务规模的扩大，子公司会产生应付票据、应付账款和预收款项等经营性负债；子公司还可能产生利润从而增加整个集团的股东权益。当然，如果子公司亏损，合并利润表和合并资产负债表就可能出现反向变化。这方面的案例，请读者关注一下中国上市公司珠海中富的 2014 年度报告。

本章通过两项业务向读者展示了企业对外控制性投资的扩张效应以及母公司财务报表、子公司财务报表与合并财务报表之间的内在联系。至于复杂的合并财务报表的编制，有兴趣的读者请参阅相关教材。

掌握了这些基础知识，读者就可以比较顺利地学习后面的内容了。

第 4 章/*Chapter Four*

熟悉而难以解决问题的分析方法

面对财务报表，我想问读者三个问题：

第一，你看报表的时候关注什么？

第二，如果你曾经学过财务报表分析，你的老师教授的和你自己学到的主要方法是什么？

第三，你学过的分析方法好用吗？

对于第一个问题，不同的人可能有不同的回答：有关心成本的，有关心效益的，还有关心股东权益的。事实上，这几张报表的用处各不相同。我曾经问过一家企业的总裁，他的回答是：我要先看利润，此外，还得看有没有现金流量，最后要了解一下营运状况，得看资产负债表。

多年前我曾写过一本书，是先从利润表开始分析的，那是在 2006 年以前实行旧准则的时候。那时从利润表能够对应到资产负债表和现金流量表。

但是，2006 年会计改革之后再先看利润表就有问题了，尤其是在企业进行集团化管理的背景下。严谨地说，我们应该先看资产负债表，但是从利润表入手反映了企业管理层看报表的一种习惯。

比如我们想了解效益，一看利润表，可能会很困惑：在有子公司的情况下，净利润怎么会有三个数字呢？一个是母公司报表的净利润，一个是合并报表的净利润，还有一个是归属于母公司所有者的净利润。那么，我们应该看哪个呢？

我们先来看一下这个关系（见图 4－1）。

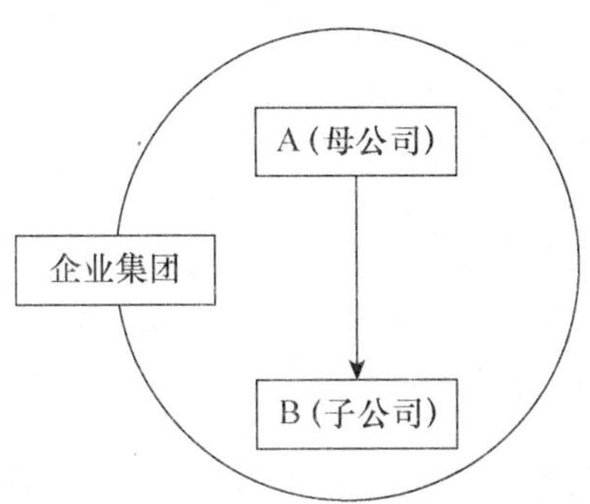

图 4－1　企业集团示意图

在会计中，只要有控制性的关系，就形成企业集团，母公司就要编制合并报表。因此，我们可以说：合并报表展示的是包括母、子公司的企业集团的财务数据。

“母公司净利润”就是图 4－1 中 A 公司自己的净利润，“合并报表净利润”就是企业所有母、子公司合在一起的净利润。一般来说，我们都会认为母公司加上子公司的利润应该比母公司自己的利润大一些。但实际情况经常不是这样的，比如子公司亏损得一塌糊涂。在这种情况下，在不包括子公司的利润时，母公司也许还有利润，但是合并时，整个集团反而亏损了！后面我们会更具体地谈到这些问题。

另外我们要注意的是，如果母公司对子公司是 100%控股，子公司的利润全部属于母公司，母公司利润全部属于母公司的所有者

（也就是股东），从而企业集团的净利润全部是“归属于母公司所有者的净利润”。但当母公司对子公司的投资不是100%，比如只有80%时，子公司的利润还全部归属于母公司吗？这时就只有80%是母公司的。[①] 那么子公司80%的净利润加上母公司所有的净利润就是“归属于母公司所有者的净利润”，剩下的子公司净利润的20%就叫做少数股东损益，也就是子公司的非控制性股东的损益。

在了解了上述三个利润概念的内涵后，再回到前面的问题：我们看效益的时候看哪个数字呢？按照现在的会计准则，整个集团的盈利能力要用合并报表的净利润进行分析。更具体地说，应该主要关注合并报表的核心利润（核心利润＝营业收入－营业成本－营业税金及附加－销售费用－管理费用－财务费用），因为核心利润反映了整个集团经营活动的盈利能力。

当我们进行利润分配时，用哪个数据呢？有时集团利润很高，但是母公司的利润表却显示亏损。实际上，应该是谁分红就看谁的报表，母公司分红就应该以母公司净利润为基础来考虑。

我们再看一个例子。上市公司长安汽车2015年度利润表的部分内容如下（见表4－1）。

表4－1　　　　利润表

编制单位：长安汽车股份有限公司　　　　单位：人民币亿元

	2015－12－31	2015－12－31	2014－12－31	2014－12－31
	合并报表	母公司报表	合并报表	母公司报表
一、营业收入	667.72	648.62	529.13	524.95
减：营业成本	534.07	526.16	432.66	434.46

① 这里只是一种简化的、大概的说法。在实际操作中，合并报表净利润不仅仅是母、子公司净利润的简单相加。

续前表

	2015-12-31	2015-12-31	2014-12-31	2014-12-31
	合并报表	母公司报表	合并报表	母公司报表
营业税金及附加	29.42	27.16	20.64	18.35
销售费用	49.55	45.14	43.57	39.32
管理费用	48.99	43.45	37.42	32.50
财务费用	−1.51	−1.56	0.66	0.50
资产减值损失	6.30	5.41	3.44	2.46
加：公允价值变动净收益				
投资净收益	94.97	94.99	81.02	80.29
其中：对联营企业和合营企业的投资收益	94.40	94.40	79.91	79.91
汇兑净收益				
二、营业利润	95.87	97.86	71.77	77.65
加：营业外收入	5.15	3.82	4.02	3.63
减：营业外支出	0.90	0.82	0.39	0.93
其中：非流动资产处置净损失	0.36	0.33	0.22	0.85
三、利润总额	100.12	100.86	75.39	80.36
减：所得税	0.89	0.87	0.21	−0.46
四、净利润	99.23	99.98	75.18	80.82
减：少数股东损益	−0.30		−0.43	
归属于母公司所有者的净利润	99.53	99.98	75.61	80.82
加：其他综合收益	−0.50	−0.36	1.20	1.87
五、综合收益总额	98.73	99.62	76.38	82.69
减：归属于少数股东的综合收益总额	−0.30		−0.43	
归属于母公司普通股东综合收益总额	99.03	99.62	76.81	82.69

资料来源：长安汽车 2015 年度报告.

2015年母公司净利润是99.98亿元，合并报表净利润是99.23亿元——这是不是意味着整个集团的利润基本上是母公司实现的？子公司对整个集团的利润基本上没有贡献？不一定。这涉及集团内部的业务关系管理、整个集团的投资管理以及子公司利润分配的安排等问题。

下面再简单地看一下企业利润的结构。以上面的案例为例，当我们第一眼看到这个公司的利润表时，按照前面所说的考察一个整体盈利能力时主要考察利润表的思路，我们可能对企业的利润表的表现很满意：合并报表的营业收入比上年显著增加，由上年的529.13亿元增加到本年的667.72亿元；合并报表的营业利润比上年显著增加，由上年的71.77亿元增加到本年的95.87亿元；合并报表的净利润比上年显著增加，由上年的75.18亿元增加到本年的99.23亿元！

但是，如果我们要了解是什么构成了支撑企业净利润增长的主力军，就要看利润的结构，这样可能就不会那么高兴了。

我们考察一下营业利润的构成，就会发现问题：企业的营业利润中包含了一项与企业营业几乎没有关系的投资净收益。企业投资净收益本年度比上年度增加了将近14亿元之多！如果没有这一投资净收益，企业的营业利润比上年仅仅增加10亿元。也就是说，对于本公司的纯经营活动而言，并没有随着企业营业收入的增长而获得更大的利润增长。至少报表反映出来的是这样。

另外一个不能忽视的项目是营业外收入。本案例中，营业外收入本年度（5.15亿元）与上年度（4.02亿元）相比有所增加，虽然在本年度没有形成更大的贡献，但我在这里仍然要提醒读者关注这个项目。

营业外收入都包括什么？有兴趣的读者可以参考财务会计的教材。我在这里要告诉大家的是：在我国现阶段，构成上市公司营业外收入的主体主要是两个：一是处置非流动资产（如固定资产、无形资产等）的处置利润（有时也叫利得）；二是政府的补贴收入！所以读者一定要关注特定年份企业由于营业外收入而实现净利润增长的情形。

这就是说，如果仅仅看企业的净利润，可能发现不了问题。但是如果进一步考察企业的利润结构，我们会发现，在本案例中，支持企业净利润的三大支柱——核心利润、投资（净）收益和营业外收入中，核心利润的表现并不那么突出。也就是说，公司的核心业务并没有为利润的显著增长作出核心贡献。

这个例子表明，上述问题是不能用比率分析来解决的。所以只盯住比率分析，肯定看不到企业的价值，也肯定看不到企业的战略。

对于第二个问题，即大家所掌握的主要财务报表分析方法是什么，不同人的回答必然也会各不相同。在国内，将“财务报表分析”课程纳入商学院的课程体系的时间并不长，一些学校的商学院到现在还没有开设这门课程。因此，大家所掌握的财务报表分析方法，一般会来自“财务管理”课程的“财务报表分析”内容，或者来自财务会计或者会计学的“财务比率分析”内容，或者来自按照美国主流教材组织编写的“财务报表分析”（或者“财务报告分析”等类似名称）教材的内容。

这些教材讲解财务报表分析的大量内容是以比率分析为核心的，旨在让你学会财务比率分析。比率分析的基本思想是，把各报表相关联的项目放到一起进行分析。所以大多数财务报表分析的教材的主要内容都包括两部分：第一部分是对报表项目的详细讲解，第二部分进行比率分析。

这种比率分析解决问题吗？这就需要回答第三个问题：比率分析方法好用吗？

应该说，比率分析解决了一些简单的、一般性的应用问题，但是用于较为复杂的企业财务报表就不太有效了。

下面我讲讲自己做过的一个实验。

一次，为了验证会计专业学生的财务分析能力，我找到七名学习成绩比较好的会计专业的研究生做了一个实验。这些研究生已经在以前就读的大学里学习过“财务报表分析”课程。我提供了一家上市公司某年度真实的财务报表，要求他们：在10分钟内，不允许互相商量，每个人任意计算五个财务比率。

10分钟之后的情况是：面对一个真实的上市公司，没有一个学生能够正确计算自己选择的五个财务比率（每个人所选择的财务比率肯定是自认为比较熟悉的）：有的不知道应该用合并报表的数据计算还是用母公司报表的数据计算（如存货周转率）；有的不知道是用原值计算还是用净值计算（如固定资产周转率）；有的不知道在企业对外投资的规模已占资产总规模较大比例的情况下，总资产周转率的计算方法，等等。

他们从五个比较正确的比率中得出的分析结论是：

企业的流动资产对流动负债的保证能力比较差。主要依据是：该公司流动资产与流动负债的比率（流动比率）约为1.1∶1，远远小于一般美国教材中强调的2∶1这一比较安全的经验数值。

企业的流动资产减去存货（即速动比率）对流动负债的保证能力比较差。主要依据是：该公司速动资产与流动负债的比率（速动比率）约为 0.9∶1，小于一般美国教材中强调的 1∶1 这一比较安全的经验数值。

企业的财务风险比较大。主要依据是：该公司的资产负债率约为 80%，显著高于一般认为的 70%的警戒线。

企业的固定资产利用率出现下降的情况。主要依据是：企业固定资产周转率有所下降。

企业的总资产周转速度在下降。主要依据是：企业当年的营业收入增长幅度较小，但资产总额增长幅度较大。

最终结论是：企业存在较高的经营风险和财务风险。

我告诉这些研究生：与你们的分析正相反——这是一家非常好、竞争优势极其明显的公司！这家公司是有风险，但绝不是你们所说的风险。

这表明，现有的财务比率分析方法在很大程度上不能解决审视和评价企业管理的问题，因而很难在管理者做特定决策时提供有用的信息。

要解决这个问题，就要学会从报表看企业——“八看”企业，即：看战略、看经营资产管理与竞争力、看效益和质量、看价值、看成本决定机制、看财务状况质量、看风险、看前景。

第 5 章/*Chapter Five*

看战略

为了从报表上捕捉到战略信息，我们需要重新审视资产负债表。

一、资产负债表解读：表内资源与表外资源

我们已经熟悉了资产负债表的基本结构。资产负债表的基本关系是：资产=负债+股东（所有者）权益。

资产是可以用货币表现的资源。需要强调的是，可以用货币表现的资源在资产负债表里列示了，那些不能用货币表现的资源在资产负债表中则未予列示。但财务报表中没有包括的资源也很重要，甚至更重要。

这些报表外的资源主要包括：

第一，资本资源。这里提到的资本资源首先是指股权结构或者股东带来的资源，它决定了企业发展的根本方向。资本结构与公司治理、组织行为、公司战略、税务筹划等密切相关。另外，要注意控制性股东是谁，并区分名义控制人和实际控制人。有时，虽然列示的股东是A，但实际控制人可能是B。在企业的经营管理中，股东

的资源——不仅包括资本资源，还包括许多社会资源——都在企业经营中起着重要作用。许多企业赖以发展的根本资源就是资本资源。

第二，市场资源。与企业密切相关的市场主要有两个：证券市场和产品市场。对于特定的企业来讲，一定是先有企业的产品市场，才有企业可以去的资本市场。产品市场让企业“走”起来，通过产品销售来逐渐积累资源，在发展过程中一步一步地向前走。产品市场能够让企业生存并稳健地发展，但是这个过程比较慢。证券市场则能让企业“飞”起来，实现跨越式发展。

因此，企业发展到了一定阶段就要考虑更大和更快发展的问题。如果仅仅关注内部管理，往往容易局限于一些小的方面，很难实现快速发展。也就是说，考虑大的发展战略就一定要将证券市场纳入思考体系。

有的学者做了研究，认为中国企业家的行为很奇怪：在获得同样的融资规模时，不去进行债务融资而是去搞股权融资。在这些学者看来，债务融资比较好，既可以节税，又不稀释股权。其实这些专家犯了一个根本性、常识性的错误——仅仅从数量上关心融资成本问题，而没有关注融资收益问题。

一般来说，融资成本容易计算，融资收益是不容易计算出来的。比如，企业在一定时期通过债务融资获得的利润是可以计算的，但是证券市场融资带来的巨大收益（或者效应）能计算出来吗？

我认识一位企业家，他的公司经过十几年的发展，于2010年成功上市，一次性募集资金10亿元，成功地改善了企业的融资能力，从而推动了企业的经营发展。而上市前该公司的股东权益刚刚达到3亿元。

大家想一想：如果是借钱，凭着企业3亿元的净资产能借到这么多钱吗？恐怕能借到5亿元就不错了。不仅如此，这家公司也成为当地唯一一家仍健在的上市公司。该公司上市之举为企业的董事长赢得了非常高的社会地位，企业在当地的生存环境得到极大改善。这些难道不是企业成功上市的“收益”吗？能计算出来吗？

这个故事说明，企业在证券市场上的融资效应是难以计算出来的。企业家如果志存高远，就应该在产品经营到一定程度后走上市融资之路。

几年前，杭州一家企业的董事长与我交谈时说道，企业间的竞争，不是企业间的直接较量，而是企业各自的经济联盟体（即上下游关系）的较量。企业进入资本市场后，与资本市场有关的资源就会随之而来，从而推动企业更快地发展。这也是许多企业在达到一定盈利能力之后，到证券市场上谋求上市的根本原因。

第三，人力资源。我们可以把人力资源分成三个层面：人手、人才、人物。人力资源对企业的贡献很大，但是现在还没有在会计系统中入账。

值得注意的是，人力资源与人力资本有所差异。当我们谈到资源时，往往强调其被利用性，人手、人才和人物都是人力资源。而资本一方面强调根本性、长期性的贡献，另一方面强调分红权。如果你自己作出了人力方面的贡献，可能会获得一种分红权，比如，一些公司给高管的股权期权实际上就是人力资本转化为货币资本的一种安排。此时，这些既拿薪金又拿股份的高管就是人力资本。当然，他们也是人力资源。而没有分红权安排的企业高管，不管地位有多高，在会计上也不是人力资本。

第四，表外其他资源。这方面的资源很多，比如企业形成了品牌，企业的专有技术、文化、组织管理、上下游资源，等等。

以上是我们看不见的资源，它们也有价值。那么我们看得见的资源怎么来分析呢？下面我们将详细阐述。

二、从权益的视角看资产负债表

资产负债表中左边的资产揭示的是资源的结构和规模，右边揭示的是权益归属。权益可以进一步分为两类，一类是债权人权益（负债），另一类是出资人权益（股东权益），负债和股东权益的合计一定等于左边的资产总额。需要注意的是，资产负债表中所指的权益是经济权利。要分析我们所在企业和特定企业的利益关系，就可以看这张表的权益部分。

比如说，你想看看自己处于资产负债表的什么位置。那我就首先问，你对这家企业有没有入资？如果你回答说入资了，那么你还要回答是分子还是分母？我说的分子是指控制性股东，分母是指全体股东。企业的小股东全在分母上。你可能会问分母的含义是什么，分子的含义又是什么？我告诉你：处于分母地位的企业小股东首先是企业资源的提供者，然后是企业任何风险的首要承担者。如果一个股东既在分母中，又在分子上，他就是企业的控股股东。控股股东是以较少资源撬动更多资源，并且支配企业全部资源的企业所有者。

如果你的回答是在企业没有入资，而是在企业上班，那你就看看报表的流动负债，其中有一个项目叫“应付职工薪酬”。即使你是总经理，是一把手，但是如果没有分红权，那你也在这儿呢——你就是个打工的。

认识到自己是打工的，有的读者可能有点失望。尤其是在单位里有点地位的读者，可能更失望。其实，大家不必有失望的情绪。

作为打工者，干好自己的本职工作，拿到自己与单位的合约规定的薪酬就行了。

说到这儿，新问题又来了：谁决定薪酬？尽管董事会设有薪酬委员会，但薪酬委员会是受董事会领导的。实际上，我们没有很好地发挥工会的力量。在股权形式多元化的情况下，工会应在维护组织（企业）员工的利益上发挥重要作用，因为个人面对强大的资本往往是弱者。

实际上，企业的资本结构决定了分配制度。分配制度好就能留住人，所以企业要有一套好的分配制度，使人力资源长期发挥作用。

三、从资产负债表看战略之一：资产结构的战略信息

了解了资产负债表的基本结构后，接下来我们就要以它为基础找到一些战略信息。

我们都知道战略对企业管理的极端重要性，那么，我们是不是或者有没有可能把战略天天挂在嘴上？我想既不必要更不可能。

可以想象一下，两位有一段时间没有见面的企业家再次见面，他们会聊什么？很可能谈两大问题：市场问题和融资问题，也就是营销问题和财务管理问题，最多再涉及一点人力资源管理问题。

实际上，战略是实实在在的东西，我们每天做的就是执行组织或者企业战略。下面我们将财务报表的信息与企业的战略联系起来，看看在财务报表中能够捕捉到哪些战略信息。

资产结构反映了企业的资源配置战略。

1. 战略的实施决定了企业的资产结构

我们在前面通过案例研究指出：基于传统比率分析难以得出符

合企业实际的结论。下面将对企业资产结构进行战略内涵的挖掘，向读者展示不一样的资产结构及其战略内涵。

考察一下我们阐释企业业务与资产负债表关系时的处理方式：我们总是从设立企业、股东入资、向银行借款开始，逐项业务展开来探讨对资产负债表诸要素的影响，并将各个项目的变化归入资产负债表的特定项目。而在这个讨论和推进业务的过程中，我们很少涉及的是：为什么要设立这个企业？企业的发展战略是什么？

更值得关注的问题是：资产负债表上的诸多概念，不论是总括概念的资产、流动资产、非流动资产、负债、流动负债、非流动负债，还是每一个具体项目所对应的概念，均不曾有战略的影子在里面。因此，可以这样说：现有的以“资产＝负债＋股东权益”的等式建立起来的资产负债表存在战略缺失的先天不足。

但是，资产负债表既有概念上的战略缺失，并不意味着我们不能以资产负债表为基础对企业进行战略分析。从管理实践来看，任何企业的设立均体现了一定的战略要求。这就是说，从企业设立开始，企业的资产结构就已经深深打上了特定战略的烙印。企业管理的全过程也可以理解为企业战略制定与实施的过程。当然，作为企业财务信息的载体，资产负债表不可能按照战略管理的理论框架把会计报表的项目与企业的战略一一对应起来，我们也不可能在资产负债表里把企业的战略表达挖掘出来。但必须指出的是：资产负债表上的数字，如果仅仅按照会计的概念和思维去认识，我们关注的永远会是企业业务变化对不同项目的影响，永远不会是支撑企业业务变化背后的企业战略以及资产负债表项目变化的战略含义。实际上，不论是从资产负债表的个别项目上看，还是从结构上看，抑或从整体上看，其反映出的战略信息是十分丰富的。如果我们摆脱传统的会计概念的束缚，把企业资产负债表稍作调整，企业资产负债表的战略含义就会清晰地展示出来。

下面，我们展开对资产所揭示的战略信息的讨论。

2. 资产按照对利润的贡献方式分类

我在前面已经讲到，既有的资产概念以及资产按照流动性的分类并没有体现出企业战略的意味。但是，简单考察一下上市公司公开披露的资产负债表，我们就会发现：在大量的上市公司的资产中，除了包括常规的反映企业经营活动的项目如应收票据、应收账款、存货、固定资产和无形资产，还包括与企业经营活动没有什么关联的投资资产，而且有的公司投资资产占比相当大。

因此，基于战略视角，我们有必要对企业母公司的资产按照其对利润的贡献方式，划分为经营资产和投资资产。

（1）经营资产。经营资产是指企业因常规性的产品经营与劳务提供而形成的资产。典型的经营资产包括货币资金、债权（包括应收票据和应收账款等）、存货、固定资产（包括在建工程等）、无形资产等。

经营资产对企业利润的贡献，在传统行业里往往是首先引起企业的营业收入增加，并最终导致企业的营业利润增加。在互联网生态条件下的企业，如果采用“羊毛出在猪身上，狗买单”的商业模式，其最终贡献的仍然是企业经营活动的业绩。

（2）投资资产。投资资产是指企业以增值为目的持有的股权和债权。投资资产所占用的资源除了反映在直接占用的以公允价值计量且其变动计入当期损益的金融资产、衍生金融资产、可供出售金融资产、持有至到期投资、长期股权投资等项目上，还反映在以提供经营性资金方式对子公司投资的其他应收款项目上。①

投资资产对企业利润的贡献方式较为复杂：零星性投资对利润的贡献主要表现为转让价差；债券投资对利润的贡献主要表现为债券利息收益与债券溢价或折价摊销后的净额；非控制性股权投资对利润按照成本法和权益法来作出贡献；控制性股权投资对利润的贡献方式更加复杂，其所带来的利润首先表现为对子公司利润的贡献，体现在企业的合并利润表中。只有子公司分配的现金股利部分，才引起投资方投资收益的增加。

需要说明的是：判断一个企业的资产结构属于哪个类型，要以母公司资产负债表为基础。由于在合并报表的编制过程中控制性投资已经被分解或者还原为子公司的经营资产，因此，合并资产负债表一般会是经营资产占主体。

3. 经营资产、投资资产与企业的资源配置战略

我们可以按照企业的经营资产与投资资产在资产总规模中的比重大小，将企业分为三种类型：以经营资产为主的经营主导型、以投资资产为主的投资主导型，以及经营资产与投资资产比较均衡的投资与经营并重型。

显然，不同类型的企业资产结构背后的支撑就是企业的发展战略，即通过资源配置实现企业战略。

（1）经营主导型企业的发展战略的内涵。资产结构中以经营资产为主的企业，其战略内涵十分清晰：以特定的商业模式、行业选择和提供特定产品或劳务为主营业务的总体战略为主导，以一定的

① 实际上，该项目中还包括企业正常存在的其他应收款以及向公司的母公司和兄弟公司提供的资金等。只有其他应收款的母公司报表金额大于合并报表金额的部分，才是母公司向子公司提供的除对子公司入资以外的经营性资金。

竞争战略（如低成本战略、差异化战略和聚焦战略等）和职能战略（如研发、采购、营销、财务、人力资源等战略）为基础，以固定资产、存货的内在联系及其与市场的关系管理为核心，为企业的利益相关者持续创造价值。经营主导型企业能够最大限度地保持自身的核心竞争力。

对于特定企业而言，如果采用经营主导型的发展战略，其经营活动必然面临选择和定位的问题。行业选择决定了企业资产的基本结构。比如，钢铁企业肯定有大量的固定资产和存货；酒店的固定资产占资产总额的比重较高；房地产开发企业的存货占资产总额的比重较高，等等。

另外，从财务信息中还可以考察企业的定位。企业定位主要是通过利润表的营业收入的市场份额以及企业定价与毛利率等来表现的。但是，从资产的角度来看，固定资产的技术装备水平、资产的地理结构布局等均与企业的市场定位密切相关。

请读者考察一下格力电器股份有限公司2015年度资产负债表中母公司资产结构所展示的战略信息（见表5-1）：

表5-1 格力电器资产负债表 单位：人民币亿元

	年末		年初	
报表类型	合并	母公司	合并	母公司
流动资产：				
货币资金	888.20	886.80	545.46	565.50
应收票据	148.80	137.54	504.81	494.32
应收账款	28.79	34.16	26.61	8.68
预付款项	8.48	36.35	15.91	23.72
应收利息	11.10	14.77	12.42	14.45
其他应收款	2.54	5.75	3.81	6.90
买入返售金融资产	10.00			

续前表

	年末		年初	
报表类型	合并	母公司	合并	母公司
存货	94.74	86.71	85.99	66.28
其他流动资产	16.85	0.43	5.58	0.86
流动资产合计	1 209.49	1 202.51	1 201.43	1 181.55
非流动资产：				
发放贷款及垫款	78.73		64.42	
可供出售金融资产	27.05		21.50	
长期股权投资	0.95	68.55	0.92	65.38
投资性房地产	4.92	0.32	5.08	0.33
固定资产	154.32	39.86	149.39	36.45
在建工程	20.45	0.46	12.54	0.20
固定资产清理	0.22	0.09	0.08	0.06
无形资产	26.56	2.24	24.80	2.30
长期待摊费用	0.08		0.21	
递延所得税资产	87.64	80.77	81.93	76.00
其他非流动资产	6.57	3.64		
非流动资产合计	407.49	195.92	360.87	180.72
资产总计	1 616.98	1 398.43	1 562.31	1 362.26
流动负债：				
短期借款	62.77	26.75	35.79	
应付票据	74.28	72.37	68.82	60.00
应付账款	247.94	406.16	267.85	368.39
预收款项	76.20	74.28	64.28	85.24
应付职工薪酬	16.97	8.76	15.50	8.00
应交税费	29.78	25.08	83.09	71.88
应付利息	0.48	0.08	0.36	0.02
应付股利	0.01	0.01	0.01	0.01
其他应付款	26.08	6.11	25.46	5.75
一年内到期的非流动负债	24.04	24.04	20.61	15.72
其他流动负债	550.08	551.71	485.85	486.89
其他金融类流动负债	5.75		14.10	

续前表

	年末		年初	
报表类型	合并	母公司	合并	母公司
流动负债合计	1 126.25	1 196.25	1 083.89	1 101.88
非流动负债：				
长期借款			22.59	22.59
长期应付职工薪酬	1.28	1.28	1.07	1.07
递延所得税负债	2.44	2.22	2.57	2.29
递延收益—非流动负债	1.35	1.14	0.88	0.67
非流动负债合计	5.06	4.63	27.11	26.62
负债合计	1 131.31	1 200.88	1 110.99	1 128.50
所有者权益（或股东权益）：				
实收资本（或股本）	60.16	60.16	30.08	30.08
资本公积	1.86	1.91	31.91	31.99
其他综合收益	−1.25	−0.55	0.18	−0.42
盈余公积	35.00	34.97	29.58	29.56
一般风险准备	2.08		1.36	
未分配利润	377.37	101.07	348.41	142.56
归属于母公司所有者权益合计	475.21	197.56	441.53	233.76
少数股东权益	10.45		9.79	
所有者权益合计	485.67	197.56	451.31	233.76
负债和所有者权益总计	1 616.98	1 398.43	1 562.31	1 362.26

资料来源：格力电器2015年度报告.

格力电器的资产负债表显示：该公司2015年底的母公司资产负债表的1 398.43亿元资产总规模中，经营资产占据主导地位，典型的投资资产——长期股权投资不足69亿元。这说明，截至2015年底，该公司是一个经营主导型公司。在经营资产占据主导地位的情况下，我们可以对该公司的扩张战略有如下认识：

第一，公司实施专业化与适度多元化战略。从发展战略来看，格力电器长期坚持在空调生产经营上走专业化的道路。这种战略的具体表现就是，在母公司的主体内保有完备的生产和销售体系——具体反映在固定资产、存货、应收票据和应收账款的不断发展变化中。而与多元化密切相关的对外控制性投资（主要反映在长期股权投资上）的规模，与经营资产的规模相比则长期偏低。

当然，公司的对外控制性投资为其适度的多元化还是作出了贡献。公司的产品除了空调以外，还包括电风扇、电暖器、净水机、空气净化器、加湿器、干衣机等健康电器，电饭煲、电压力锅、电磁炉等厨房电器，以及凌达压缩机、凯邦电机、新元电子（电容）、格力电工（漆包线）和自动化设备等工业制品。

当然，格力电器母公司以经营资产为主的资产结构，意味着公司的多元化程度还有较大提升空间。

第二，公司产品经营的核心竞争力突出。正是由于格力电器将空调经营长期作为核心业务，围绕空调来打造核心竞争力，因而在资源安排上优先支持空调业务的研发、生产以及营销等。这就使得公司空调业务在技术领先、市场地位领先、高毛利率以及产品盈利能力领先等方面的竞争优势十分明显。

(2) 投资主导型企业的发展战略的内涵。资产结构中以投资资产为主的企业，往往是规模较大的企业集团。投资主导型企业的发展战略内涵同样是清晰的：以多元化或一体化的总体战略（或其他总体战略）为主导，以子公司采用适当的竞争战略和职能战略，特别是财务战略中的融资战略（子公司通过吸纳少数股东入资、子公司自身债务融资和对商业信用的利用等融资战略，可以实现在母公司对其投资不变情况下的快速扩张）为基础，以对子公司的经营资产管理为核心，通过快速扩张为企业的利益相关者持续创造价值。投资主导型企业可以在较短时间内通过直接投资或者并购实现做大做强企业集团的目标，或者在整体上保持财务与经营的竞争能力和竞争地位。

下面展示的是与格力电器同属家电制造业的美的集团股份有限公司2015年度的资产负债表（见表5－2）：

表5－2 **美的集团资产负债表** 单位：人民币亿元

	年末		年初	
报表类型	合并	母公司	合并	母公司
流动资产：				
货币资金	118.62	142.14	62.03	84.53
应收票据	128.89	7.27	170.97	6.94
应收账款	103.72		93.62	
预付款项	9.89	0.09	14.14	0.01
其他应收款	11.01	74.61	11.81	24.18
应收股利		2.90	0.46	2.81
存货	104.49		150.20	
其他流动资产	338.28	210.60	265.94	228.92
流动资产差额（特殊报表科目）	117.20		93.47	
流动资产合计	933.68	437.61	864.27	347.39
非流动资产：				
可供出售金融资产	32.90	0.09	16.55	12.30
长期股权投资	28.88	231.27	9.52	165.49
投资性房地产	1.51	2.86	1.72	3.23
固定资产	187.30	11.07	195.22	16.53
在建工程	9.55	5.44	6.62	0.42
无形资产	33.92	2.48	34.32	2.81
商誉	23.93		29.32	
长期待摊费用	7.81	0.57	7.59	0.69
递延所得税资产	22.24	0.08	37.80	0.04
其他非流动资产	6.70			
非流动资产合计	354.74	253.86	338.65	201.52

续前表

	年末		年初	
报表类型	合并	母公司	合并	母公司
资产总计	1 288.42	691.47	1 202.92	548.91
流动负债：				
短期借款	39.21	12.90	60.71	5.00
应付票据	170.79		126.48	
应付账款	174.49	0.09	201.37	0.03
预收款项	56.16		39.93	
应付职工薪酬	22.29	0.13	22.00	0.17
应交税费	16.07	0.53	32.80	0.52
应付利息	0.09	2.00	0.23	2.17
应付股利	1.19		0.94	
其他应付款	11.39	451.66	12.24	360.57
一年内到期的非流动负债			6.12	
其他流动负债	220.98	0.05	227.79	
其他金融类流动负债	7.04		0.07	
流动负债合计	720.04	467.60	731.43	368.46
非流动负债：				
长期借款	0.90		0.19	
应付债券			1.53	
专项应付款	0.01		8.52	
预计负债	0.39	0.04	0.26	
递延所得税负债	0.40		0.26	
递延收益—非流动负债	4.79		3.42	
其他非流动负债	1.57			
非流动负债合计	8.06	0.04	14.18	
负债合计	728.10	467.64	745.61	368.46
所有者权益（或股东权益）：				
实收资本（或股本）	42.67	42.67	42.16	42.16
资本公积	145.11	63.71	130.25	53.56
其他综合收益	−10.71	0.21	−7.74	
盈余公积	18.47	18.47	11.90	11.90

续前表

报表类型	年末		年初	
	合并	母公司	合并	母公司
一般风险准备	1.19			
未分配利润	295.30	98.78	218.14	72.83
归属于母公司所有者权益合计	492.02	223.84	394.70	180.45
少数股东权益	68.30		62.61	
所有者权益合计	560.32	223.84	457.31	180.45
负债和所有者权益总计	1 288.42	691.47	1 202.92	548.91

资料来源：美的集团2015年度报告.

上面展示的资产负债表显示：与同属家电制造业的格力电器显著不同，该公司2015年底的母公司资产负债表的资产总规模中，常规的经营资产如应收票据、预付款项、固定资产和无形资产等在总资产中的占比明显不高，应收账款和存货为零。投资资产如长期股权投资、其他流动资产（主要为理财产品）占据了资产的主体。具有投资性质的其他应收款的规模较大（母公司报表约为74亿元，合并报表约为11亿元，按照合并报表编制原理，其差额约63亿元为母公司向子公司提供资金的基本规模，性质属于投资资产）。

据此，我们可以得出结论：2015年美的集团母公司资产负债表显示，母公司采用的是投资主导的发展战略。

在美的集团投资资产占据主导地位的情形下，我们可以对该公司的扩张战略有如下认识：

第一，公司多元化发展战略清晰。与格力电器主要专注于空调，坚定地走专业化为主、适度多元化的道路不同，美的集团的多元化态势更加清晰。美的集团年报显示，公司的产品涉及大家电业务（空调、冰箱、洗衣机）和小家电业务。

美的集团母公司资产负债表清晰地表明，企业的多元化战略，不是由母公司直接从事产品的研发、生产和营销来实现的，而是通过母公司直接投资或者收购（合并资产负债表的商誉项目反映出企业在扩张中进行了收购）来实现的。这就既有可能使得企业的行业结构或者产品结构实现有跨度或者有差异的发展（大家电业务与小家电业务的基本结构显示出企业的业务和产品的跨度），也有可能使得企业的业务在不同地域得到发展（企业2015年度报告中披露的子公司的地域结构证实了企业的发展是在相当广阔的地域进行的）。

第二，主要产品经营的核心竞争力比较突出。企业产品营业收入的构成既反映了企业业务对企业的贡献，也反映出企业业务的市场地位和竞争力。与格力电器不同的是，美的集团既通过空调业务来确立其市场强势地位，也通过空调、冰箱、洗衣机整体“组团”营业规模反映出其家电业务的整体地位。

（3）经营与投资并重型企业的发展战略内涵。经营与投资并重型企业往往实施积极稳健的扩张战略：企业既通过保持完备的生产经营系统和研发系统来维持核心竞争力，又通过对外控制性投资的扩张来实现企业的跨越式发展。

经营与投资并重型企业通过对自身经营资产的保持，可以实现较好的规模效应，取得一定的市场竞争地位，从而最大限度地降低核心资产的经营风险，使固有的核心竞争力发挥到极致。与此同时，其对外控制性投资又可以通过投资产业与产品方向的多元化或投资地域的多样化来强化企业的竞争力或者降低企业的风险。

我们在前面所展示的特变电工母公司资产负债表，就表现出经营与投资并重的资产结构。

基于资产的这种分类，在对任何一家上市公司的资产结构进行分析后，我们都可以将其归入上述三种类型中的一种，从而可以对公司的扩张战略及其效应进行分析与评价。

这就是说，当我们跳出传统的会计思维，把企业资产的概念与企业的发展战略联系在一起时，资产结构就有了鲜明的战略含义。据此，我们可以进一步认为，资产的规模与结构就是企业资源配置战略的实施结果。

四、从资产负债表看战略之二：企业控制性投资的扩张效应分析

我们在前面讲到，企业的资产可以分为经营资产和投资资产。本节将讨论投资资产的识别与企业控制性投资的扩张效应问题。

1. 投资资产的识别

下面介绍资产中的投资资产所占用资源的识别方法。

首先，我们可以在资产负债表的资产中直接找出投资性质的资产在报表上列示的数据，这些数据意味着企业在投资上直接占用的资源，包括交易性金融资产、可供出售金融资产、持有至到期投资和长期股权投资等。比如，格力电器2015年度的资产负债表中，母公司交易性金融资产、可供出售金融资产、持有至到期投资年末均为零，长期股权投资为68.55亿元。

其次，我们可以看一下企业以“其他应收款”的形式向子公司提供的资源。在投资方向子公司提供除注册资本以外的资金时，往往通过“其他应收款”项目来反映。投资方向子公司提供的资金规模，可以用本公司（母公司）报表上的“其他应收款”的规模与合并资产负债表上的“其他应收款”的规模之差来大概地反映。比如，在格力电器2015年度的报表中，母公司年末其他应收款金额是5.75亿元，合并报表其他应收款金额是2.54亿元（见表5-1），其差额

约 3.2 亿元就是本公司向子公司提供的除基本入资以外的资金。这里需要说明的是，在合并报表的编制过程中，母公司与其控制的公司之间的关联交易已被剔除。因此，合并报表中的数据一定是企业集团与集团外的经济主体发生的业务，即合并报表反映的都是集团与不受本公司控制的其他经济主体发生的业务。

最后，企业也可能将其间接提供给子公司的资源以“预付款项”的形式表现在报表上。比如，在格力电器 2015 年度的报表中，母公司年末预付款项金额是 36.35 亿元，合并报表预付款项金额是 8.48 亿元（见表 5－1），其差额约 28 亿元就是本公司向子公司提供的资金。

有的读者可能会问：预付款项不是对外采购时向供应方预先支付的款项吗，怎么成为向子公司提供资金的通道了？这就是企业业务发展的新情况。预付款项一般情况下是在货物（可以是存货采购，也可以是工程支出，还可以是固定资产的采购）没有收到前向供应方预先支付的款项。但是，向对方支付预付款一般有以下几种情形：采购方信誉状况不明，供应方要求采购方预先付款；供应方产品畅销，供不应求，供应方要求采购方预先付款；供应方的行业惯例是对方预付款，等等。很明显，上述几种情形的预付款安排均不应出现在母公司与子公司之间。如果母公司向子公司支付款项，即使是以预付款项的名义打给子公司，也应该被认为是向子公司提供的财务支持。

这就是说，企业往往通过其他应收款和预付款项这两个通常被认为是经营资产的项目向子公司提供资金。格力电器的案例中，企业通过其他应收款和预付款项这两个项目向子公司提供资金的规模如下（见表 5－3）：

表 5-3　通过"其他应收款"和"预付款项"向子公司提供资源

	合并数	公司数
其他应收款	254 016 643.00	574 622 000.79
预付款项	847 929 149.71	3 634 956 003.75

通过以上分析，我们可判断出企业资源的大致分布和结构：资产总规模中，除了投资资产就是经营资产。当然，货币资金既可以用于投资，也可以用于经营。下面我们将向读者展示企业控制性投资的扩张效应。

2. 企业控制性投资的扩张效应

（1）控制性投资占用资源。总结一下我们前面分析的内容，可以得出结论：

企业的控制性投资，主要包含在母公司资产负债表的这样几个项目中：长期股权投资、其他应收款和预付款项。

但是，长期股权投资、其他应收款和预付款项并不都是控制性投资占用的资源，只有一部分是控制性投资。

根据合并资产负债表的编制原理，合并报表长期股权投资、其他应收款和预付款项与母公司相应项目之差（合并报表小于母公司报表相应项目部分）大体反映了控制性投资占用的资源的规模。下面我们以格力电器2015年度报告为基础，分析一下该公司控制性投资所占用资源的大体规模（见表5-4）。

表 5-4　格力电器母公司控制性投资占用资源　单位：亿元

	合并数	公司数	合并数小于公司数（控制性投资占用资源）
其他应收款	2.54	5.75	3.21
预付款项	8.48	36.35	27.87
长期股权投资	0.95	68.55	67.60
合计	98.66		

（2）控制性投资增量所撬动的资源。我们在前面的分析中已经展示母公司资产中控制性投资所占用的资源。现在我们要进一步确定的是：企业投入这么多资源，跨越式发展的效应如何呢？

实际上，我们在前面讨论企业对外控制性投资以及合并资产负债表的编制原理时就为现在的问题做了铺垫：在资产总计中，合并报表和母公司报表数据的差额就是控制性投资增量所撬动的资源。因此，合并资产总计比母公司资产总计越大，一般表明企业控制性投资的扩张效应越明显。

我们把格力电器合并资产与母公司资产的差额展示如下（见表5-5）：

表5-5　格力电器控制型投资的扩张效应　单位：亿元

	合并数	公司数	合并数大于公司数（控制性投资增量撬动的子公司资源）
资产总计	1 616.98	1 398.43	218.55

这就是说，格力电器以不足100亿元的控制性投资，实现了对子公司增量218.55亿元的控制。这应该是一个不错的扩张效应。

下面我们再来辨识一下美的集团2015年控制性投资的扩张效应（见表5-6）。

表5-6　美的集团控制性投资扩张效应　单位：亿元

	合并数	公司数	合并数与公司数的差额
其他应收款	11.01	74.61	63.50
预付款项	9.89	0.09	不适用
长期股权投资	28.88	231.27	202.39
资产总计	1 288.42	691.47	596.95

可见，长期股权投资包含的控制性投资为202.39亿元（公司数231.27亿元一合并数28.88亿元）；其次，本公司通过其他应收款向

子公司提供的资金为63.50亿元（74.61－11.01）。因此，美的集团的控制性投资有265.89亿元。这个数字并不是准确数字，而是一个大概的估计。由于预付款项母公司规模较小，且合并报表的数字远远大于母公司的数字，因此，该公司通过预付款项向子公司提供资金的情形或者不存在，或者规模很小。

企业控制性投资撬动的资源是多少呢？我们用总资产的合并数减去公司数，二者之差为596.95亿元，这表明企业用265.89亿元的资源增量撬动了596.95亿元，实现了1∶2以上的扩张效应。

一般来说，企业控制性投资的对外扩张效应主要取决于子公司这样几个方面的状况：

第一，子公司吸纳其他股东入资的状况；

第二，子公司取得贷款的状况；

第三，子公司的业务规模、业务能力以及对上下游的商业信用状况（即“两头吃”的能力）；

第四，子公司的盈利能力。

或者是上述几个方面共同作用的结果。请读者自己比较分析一下。

这就是说，企业通过控制性投资实现跨越式增长的主要手段是：第一，吸纳少数股东对子公司入资。少数股东入资的累积权益表现在报表上，就是合并资产负债表中的“少数股东权益”。第二，子公司的贷款。第三，子公司的经营增长，比如子公司有应付账款、应付票据和预收款项等。第四，子公司经营的结果还会产生利润，从而引起子公司净资产增长。

至此，我们已经能够对企业的资产进行如下分析：

（1）区分资产总额中的经营资产和投资资产。

（2）在经营资产中考察行业特点对企业资产结构的影响，重点关注固定资产原值的规模和结构与存货或者企业业务的规模和结构的匹配性。

(3) 在投资资产中进一步识别企业的控制性投资所占用的资源规模（用长期股权投资、其他应收款和预付款项的母公司报表数与合并报表相应项目的数据之差来确定）。

(4) 利用合并资产负债表的资产总额与母公司自己报表资产总额之差来确定企业对外控制性投资的撬动效应。

请读者注意：有些企业的对外控制性投资并不一定是为了实现多元化战略或地区布局的战略而谋求跨越式发展，而是为了通过企业经营活动的系统整合而实现盈利能力的最大化。此时，基于资产负债表对企业控制性投资资源的扩张效应进行分析就不一定能够揭示企业的控制性投资（此时不是扩张，而是盈利）的效应。此时，应该把分析重点集中在合并利润表与母公司利润表所展示的盈利能力的变化上。有兴趣的读者可以考察一下洋河股份等酒类上市公司的报表。

五、从资产负债表看战略之三：企业的资本引入战略

1. 负债和股东权益是企业发展的动力机制

在前面的分析中，我将资产按照对利润的贡献方式划分为经营资产与投资资产，并据此展开了对企业资源配置战略的分析。

在现有的财务报表分析方法中，针对资产负债表将重点主要放在对资产的个体与整体的分析上，如对债权回收状况的分析、存货周转状况的分析、固定资产周转状况的分析等，主要考察相应资产的周转状况；而对流动资产周转率、流动比率、速动比率以及总资产周转率和总资产报酬率的分析等，则考察了企业资产的部分结构性或整体性的能力或者质量。与对资产的分析方法比较丰富相比，对与负债和股东权益的分析就显得非常简单了。这方面比较常见的主要有对企业资产负债率以及利息保障倍数的分析，借以考察企业

的财务风险。

我们在前面虽然对企业资产的战略内涵进行了挖掘，但并没有对决定企业战略的机制进行挖掘。实际上，企业的竞争优势与发展潜力不仅取决于现有的资源结构及其运用状况，还与融资环境、资本结构、公司治理等在企业发展过程中具有决定意义的因素关系密切。

这就是说，企业发展的真正动力不在于资产的规模和结构，不在于我们看到的资源结构所反映出来的战略信息，而在于支撑企业发展、决定企业战略及其方向的动力机制。而这个动力机制是由企业资产负债表的右边——负债和股东权益来决定的。在决定企业发展前景和方向的关键性因素中，相比于资产的规模与结构，资源的来源结构（即负债与股东权益的结构）更具有全局性和决定性作用。

2. 负债和股东权益：企业的资本引入战略

（1）对负债与股东权益按照来源结构进行的分类。如果我们不考虑负债的流动性和股东权益的概念，对企业的负债与股东权益按照其来源结构做进一步考察就会发现：企业负债和股东权益的主要部分可以分成四类，即经营性资源、金融性资源、股东入资资源和股东留剩资源。对这些资源的利用，体现的就是企业的资本引入战略。这里所说的“资源”，指的不是资产的具体形态，而是取得资源的途径。

1）经营性资源。经营性资源是指企业通过经营性负债的方式所获得的资源。在资产负债表的负债方，反映经营性负债所带来资源（即商业信用资源）的主要项目包括应付票据、应付账款和预收款项（实际上，企业的应付职工薪酬和应交税费也属于经营性负债所带来资源，为聚焦分析，我们忽略对这部分内容的讨论），在会计核算上反映的是企业与上下游企业或者用户进行结算时所产生的债务。但其实质是企业对商业信用资源的引入或者利用：一方面，在企业具有较强的获取商业信用能力的条件下，企业通常具有较强的“两头吃”（一头“吃”企业的上游，往往是供应商；一头“吃”企业的下游，往往是经销商或者消费者）的能力——企业利用上下游企业的资金来支持企业自身发展的能力较强；反之，在企业具有较弱的获取商业信用能力的条件下，通常意味着企业“两头吃”的能力较弱，竞争地位较低。另一方面，商业信用资源通常具有综合成本低（综合成本往往低于贷款的平均成本）、综合偿还压力低于账面金额（与预收款项对应的偿还资源为商品或劳务的账面成本）以及固化上下游关系等特点，最大限度地利用与上下游关系所形成的资源就成了具有显著竞争地位企业的主要资源引入战略。因此，企业对于商业信用资源的利用绝不是被动、自然形成的，而是积极主动的，具有战略意义的——企业往往将最大限度地利用商业信用资源作为其优先选择的经营战略与财务战略。这就是说，企业对于商业信用资源的引入或者利用，不仅仅是企业上下游关系管理的局部问题，还是企业的战略选择问题。当然，企业利用商业信用资源的战略选择还取决于其竞争地位或竞争优势。

2）金融性资源。金融性资源是指企业通过金融性负债（既包括各类贷款，也包括具有融资性质的债务资本来源）的方式所获得的资源。金融性负债一般是指企业从资本市场或者金融机构获得的债务融资。金融性负债除了主要来源于传统的金融机构以及资本市场外，还应该具有财务代价（即利息因素）的特点。这样，在长期负债中因融资租赁而引起的债务也应该属于金融性负债。因此，在资产负债表上，除了典型的金融性负债项目如短期借款、交易性金融负债、一年内到期的非流动负债、长期借款、应付债券等外，还应该包括具有利息因素的长期应付款。本章所指的金融性负债包括短期负债、交易性金融负债、应付利息、一年内到期的非流动负债、长期借款、应付债券和长期应付款等。

如果我们仅仅考察企业的金融性负债的规模和结构，就容易关注不同的来源结构所引起的资本成本的差异以及所支持的企业扩张的具体项目，而不会考虑金融性资源的结构和规模对企业发展的战略含义。这就是会计思维对我们的束缚。

实际上，影响企业选择利用或者引入金融性负债来支撑企业发展的因素很多，包括融资环境、融资成本、企业自身盈利能力、企业集团的资金管理体制、企业负债的整体规模以及现有资产负债率等。为了实现现有股东利益最大化，在企业具有较强的盈利能力、不能进一步利用商业信用资源或者经营性负债的规模不能满足企业扩张需求的情况下，企业会主动选择借款或者发行债券。在股东入资的条件下，即使企业的经营性负债趋于零，引入金融性资源也可以保证企业在一定时期的扩张得以实现。企业在集中统一管理企业集团内部资金的机制下，为了整个集团的融资效率与效益（不是母公司自身的经营活动）而进行借款或发行债券，尽管会增加母公司利润表上的财务费用，但由于可能降低整个集团的整体融资成本、提高整个集团的融资效益而成为很多企业集团财务战略的首选。

因此，对企业金融性资源的利用或引入状况进行分析和考察，可以看出企业集团的财务战略意图和整体战略规划。

3）股东入资资源。在资产负债表上，反映股东入资的项目包括股本（实收资本）和资本公积①，它是企业发展的原动力。股东对企业的入资具有极强的战略色彩。

---

① 这里仅讨论资本公积中所包含的股东入资部分，其他因素引起的资本公积的变化暂不涉及。

第一，股权结构、股东范围、资本规模与企业战略。不同的股权结构设计、股东范围的选择以及资本规模的安排均是企业设立阶段初始战略的直接反映。需要注意的是，企业的战略除对企业的发展具有较强的引领性和根本性影响外，还具有动态性特征。随着企业经营环境、竞争地位、融资环境以及宏观政策等因素的动态变化，企业战略不可能是稳定不变的，一定是动态调整的。尽管如此，企业股东入资仍然反映了企业设立阶段的初始战略意图。一方面，股权结构的分散程度、股东范围的广泛程度直接影响了企业控制权的表现形式，而恰恰是企业的控制权主导了企业的战略。另一方面，资本规模也直接制约着企业的发展战略：股东入资所形成的资本规模与企业的融资能力密切相关，进而制约企业的战略与实施。

第二，股权结构、公司治理、核心人力资源与企业战略。一般来说，公司治理要处理的是股东大会（或股东会）、董事会与企业经理层之间的关系，并确保公司在满足各利益相关者的正常利益的基础上实现持续健康发展。在公司治理的过程中，股东依其持有的股份份额在股东大会行使投票权，产生董事会。董事会决定公司的战略目标并决定核心人力资源；以核心人力资源为主导的管理团队负责实施公司的战略。而这一切的关键点在于，股权结构决定了公司治理的基本架构。

4）股东留剩资源（累积利润）。股东留剩资源是指企业实现的利润中，股东没有分配而留存在企业的权益部分。这部分股东留剩资源在资产负债表上主要表现为盈余公积和未分配利润，也是企业的累积利润。股东留剩资源的规模既取决于企业的盈利能力，也取决于企业的股利或者分配政策。

股东留剩资源对企业的战略含义在于，在一定的盈利规模下，企业可以通过制定不同的股利分配（如现金股利、股票股利或者是二者的组合等）政策，在一定程度上改变企业的财务结构（如改变企业的资产负债率），并对企业的战略特别是融资战略形成支撑：在企业处于高负债率或投资支出压力较大、现金资源相对紧张的条件下，企业可以通过选择股票股利或者股票股利与现金股利相结合的分配方式，尽力降低现金股利支出的规模，使企业的股东权益在进行利润分配后仍然维持较高的规模，从而对降低企业的现金流出量、提高企业的债务融资能力起到战略支撑的作用；反之，当企业负债率较低、资产负债率虽高但金融性负债规模较低、现金流量充裕、投资现金支出压力不大的条件下，企业可以选择激进的股利分配政策，提高现金股利的分配规模。

上述分析清晰地表明，当我们把企业的负债结构与股东权益的结构与企业战略联系起来时，企业负债和股东权益的组合状况就具有深远的战略含义——表明企业主动地利用什么资源来实现企业的发展。显然，处于不同发展阶段、不同竞争地位的企业，可以采用的资源利用战略可能显著不同。

需要说明的是，从战略角度对企业的资产负债表进行分析，我们专注于整体性和框架性的战略信息挖掘。我们不可能也不必要将每一个项目均与企业战略联系起来。我们现在的分析忽略了与企业战略分析关联度较低的项目，如资产方的应收利息、应收股利、其他流动资产等，负债方的应付职工薪酬、应交税费等。

（2）对企业按照资本引入战略进行的分类。我们可以按照企业经营性资源、金融性资源、股东入资资源以及股东留剩资源在负债和股东权益总规模中的比重大小，将企业按照资本引入战略分为几种类型：以经营性资源为主的经营驱动型、以金融性资源为主的债务融资驱动型、以股东入资为主的股东驱动型、以留剩资源为主的利润驱动型以及均衡利用各类资源的并重驱动型。

当然，在很多情况下，企业会综合利用各类资源来谋求其自身的发展。显然，不同类型的企业资源驱动模式，展示了不同的资源驱动战略。

1）以经营性资源为主的经营驱动型企业发展战略的内涵。以经营性资源为主的经营驱动型企业，往往处于同行业竞争的主导性地位，经营性负债在负债中的占比较高，这类企业的战略内涵十分清晰：利用自身独有的竞争优势，最大限度地占用上下游企业资金支撑企业的经营与扩张。

经营驱动型企业的战略效应是：第一，企业经营与扩张所需资金大量来自没有资金成本的上下游企业，从而最大限度地降低了企业的财务成本；第二，在一定程度上固化了企业与上下游企业的业务与财务联系，使其成为整体上的经济联盟体；第三，预收款项的负债规模包含了毛利因素，因而具有高预收款项企业的实际负债规模并没有计算出来的资产负债率高；第四，由此引起的企业高负债不一定表明企业的风险高，反而可能反映了企业的竞争优势。

当然，有一种情况例外。当企业的经营活动缺乏市场竞争力，资金周转不灵、难以为继时，在资产负债表上也会表现为经营性负债长期居高不下。此种财务状况的形成就不能被认为是企业的资本进入战略的结果，而应该是经营出现严重困难的结果。

2）以金融性资源为主的债务融资驱动型企业发展战略的内涵。以金融性资源为主的债务融资驱动型企业，其金融性负债通常在负债总规模中占比较高。这类企业往往处于快速扩张、股东入资和经营性负债难以满足扩张资金需求的发展阶段。此时，企业的快速发展或者扩张所需资金只能通过金融性负债来解决。其战略内涵十分清晰：在一定的融资环境下，最大限度地利用企业的融资能力获得资金支持企业的经营与扩张，使企业能够在较短时间内实现快速发展。

债务融资驱动型企业的战略效应是：第一，企业扩张所需资金大量来自金融机构或资本市场，从而最大限度地加快了企业的发展速度；第二，由于债务融资均存在一定的资本成本因素，因而企业的财务负担会成为最佳融资结构的重要考量因素；第三，为降低融资环境动态不确定性的影响，企业通常会出现过度融资问题。

3）以股东入资为主的股东驱动型企业发展战略的内涵。以股东入资为主的股东驱动型企业，往往处于企业发展的初级阶段。在这个阶段，企业债务融资活动和经营活动还难以带来企业经营与发展所需资金。在资产负债表上的表现是：股东权益中的“实收资本”（或者股本）和“资本公积”这两个项目的规模占企业负债与股东权益之和的比重较高。应该说，在企业发展一段时期以后，这种情形就会消失。

当然，如果在经营一段时期后企业的财务表现仍然是股东驱动型，则可能意味着企业的产品经营持续不能获得理想利润，企业的债务融资能力较弱，或者企业在债务融资方面没有作为。

股东驱动型企业的战略效应是：第一，为了维持企业的生存与发展，股东对企业的入资资产的实物形态必须符合企业发展战略对资源实物形态的要求；第二，在非现金入资的情况下，股东用于入资资产估价的公允性，既决定了企业未来资产的资产报酬率，也调节了股东间的利益关系；第三，股东入资资产的规模、实物形态及其结构，还显著影响企业的治理结构以及企业的发展方向。

4）以留剩资源为主的利润驱动型企业发展战略的内涵。以留剩资源为主的利润驱动型企业，其盈余公积和未分配利润的规模之和通常占企业负债与股东权益之和的比重较高。这种情况的出现，往往是企业发展到一定阶段并累积了相当规模的利润（至少其盈余公积和未分配利润的规模之和大于实收资本或者股本与资本公积之和）的结果。

从本质上来说，用留剩资源支持企业的发展，等同于股东对企业的再投资。因此，利润驱动型企业发展战略的内涵与股东驱动型企业发展战略的内涵是一致的。

5）均衡利用各类资源的并重驱动型企业发展战略的内涵。均衡利用各类资源的并重驱动型企业，是那些在发展的任一阶段都综合利用各种资本资源进行发展的企业。实际上，大多数企业属于此类。企业之间、企业在不同发展阶段之间的差异是：在企业发展的不同阶段，不同类型的资本资源的贡献度有着明显的差异。因此，均衡利用各类资源的并重驱动型企业发展战略的内涵也随着不同类型资本资源的贡献度的差异而不同。

下面我们考察一下格力电器 2015 年度报告的资产负债表。我们以母公司资产负债表为基础进行分析，看看公司整体实施的是怎样的资本引入战略。

母公司资产负债表显示：在全部负债和股东权益的 1 398.43 亿元里，虽然负债合计为 1 200.88 亿元，但是，占据负债主体的并不是金融性负债，而是经营性负债（应付票据、应付账款和预收款项之和约为 552 亿元）。同时还要注意的是企业出现了 551.71 亿元巨额的其他流动负债。该公司的财务报表附注显示，其他流动负债的主体是空调销售返利以及安装维修费。因此，这项其他流动负债在性质上也属于经营性负债。

这样，截至 2015 年 12 月 31 日，格力电器母公司资产负债表的负债主体是经营性负债，而不是金融性负债。这种状况长期持续存在，不应该直接将数据视为企业的风险因素，而应该考虑这种财务结构背后的企业生存与扩张战略。

此外，企业的股本和资本公积两个项目之和约为 62 亿元，盈余公积和未分配利润之和约为136亿元。而金融性负债（包括各类借款和吸收存款、衍生金融负债、一年内到期的非流动负债等）则不足51亿元。

可见，支撑企业发展的资源结构依次为：经营性负债、累计利润积累、股东入资和金融性负债。

这就是说，格力电器发展到今天，支撑其发展的资源结构既不是股东入资，也不是举借金融性债务，而是靠长期积累起来的与公司的竞争地位和竞争优势有直接关联的经营性负债，以及与企业盈利能力有直接关联的累积未分配利润。

六、从资产负债表看战略之四：立场

看到这个标题，有的读者可能会觉得很奇怪：战略怎么与立场联系在一起了？

我在进行财务报表分析的早期也没有这样的意识。后来发现，有的报表按照常规的逻辑根本看不懂，难以对企业的行为进行解释，是自己考虑问题的立场导致的。因此，在看财务报表中所包含的战略信息时，要站在不同的立场进行分析。这时，就不是看企业自己所声称的战略，而是要看企业在执行什么战略。

站在全体股东立场和站在控股股东立场看企业的战略，得出的结论可能一样，也可能不一样。

（1）站在全体股东的立场看战略。当我们站在全体股东的立场看企业的战略时，首先要求企业的资产结构必须是系统性优化的。所谓系统性优化，并不是个别优质资产的最优化、最大化，而是注重资产整体的协调化，仅仅关注个别资产的最优化是没有意义的。其次，要避免不良资产的长期大量存在和占用。一提到不良资产，读者可能马上会想到一些积压的存货、收不回来的债权等。但这里要强调的不良资产是指不能按照预期利用、不能发挥应有效用的资产。最典型的不良资产是长期闲置的固定资产，这并不是指资产的物理质量很差，而是指相应的资产不能为我所用。另外，单位产能成本过高的固定资产也是不良资产，它会导致企业的盈利能力下降。当然，公司大股东或者兄弟公司对企业资产的长期占用（如合并资产负债表中“其他应收款”的大规模占用）更是典型的不良资产。最后，资产的变化方向应该是盈利导向的。企业资产的变化应该朝着有利于企业利润增长的方向发展。

(2) 站在控股股东的立场看战略。如果控股股东与全体股东对企业的战略所形成的认识是一致的，就不会存在问题。但是，如果控股股东看待企业战略的立场与全体股东的立场不一致，就会出现控股股东利用企业实现其自身战略的情况。此时，控股股东利用企业进行的战略实施就可能与其他股东的利益相冲突：正是对其他股东利益的伤害才成就了大股东利用企业的战略！

有这样一家企业，大股东持股70%，是董事长；二股东持股30%，是总经理。公司设立以后，董事长一直控制着公司的财务部门，整个财务部门全听董事长的。董事长不管经营，经营交由总经理负责。在过去的几年中，经过总经理的努力，企业的经营活动取得了显著成效：企业的核心利润以及经营活动产生的现金流量净额均处于良好的状态。但是，发展良好的企业最近遇到了麻烦。

董事长通过财务部门找到了银行，以公司的名义先后贷款2亿元，然后通过公司的财务部门直接把钱打出去了。这些活动反映在公司的账目上，就是贷款增加（负债增加）和其他应收款增加（不良资产增加）。

请注意，这项贷款不是被子公司拿走了。如果是给了子公司，这项其他应收款是优质的还是不良的就取决于子公司的经营业绩。因此，在子公司拿走钱的时候还不能确定其质量优劣。

若款项给了本公司的母公司或控股股东，那肯定就是不良资产了，企业一般情况下甭想要回来，因为多数大股东在拿走的时候就从来没想还回来。读者可能会问：大股东拿钱干什么去了？告诉大家吧：董事长将钱用于自己的其他业务发展了。但非常不幸的是，董事长的业务亏损得一塌糊涂。

于是企业的麻烦来了：钱是从银行贷来的，虽与本公司的经营无关，利息却是由公司来支付的。总经理也聪明：贷款利息跟我和公司没有关系，是公司替董事长还的。他要求财务部把贷款的利息也计入其他应收款。这样一来，企业的利润得以不受影响。

在上述例子中，大股东实际上是在伤害小股东——总经理的利益。如果该公司的这种状况继续发展，就会出现企业经营好——大股东提款——小股东受到实质伤害——企业财务负担加重的情况。

有的读者可能为银行的贷款担心。我也问该公司的总经理：董事长这样做，银行不担心吗？这钱显然很难还回去！

总经理告诉我：银行关心的是程序问题，且银行的相关人员与董事长关系良好。银行的贷款是借给企业的，只要企业能够按期支付利息，并以企业的整体对贷款提供保障，银行就不会考虑进一步的风险。

这就是一个典型的控股股东利用企业全体股东的资源为自己另外的发展战略服务的案例。

在上市公司中，这样的案例就更多了。比如，海信科龙电器股份有限公司的前身——广东科龙电器股份有限公司在2001—2005年期间，与当时的大股东格林柯尔公司及其关联公司发生了很多关联交易。关联交易的结果是，到当时的大股东于2005年下半年退出企业时，合并财务报表出现了巨额的其他应收款。显然，这个巨额其他应收款对当时其他股东的利益是不利的，而大股东却利用上市公司的发展战略获利。

2016年11月，我考察西部地区的一家企业。企业的董事长听说我会看财务报表，就拿了当地的一个国有控股的上市公司的2015年度报告让我看，说这是本地区规模较大的上市公司，让我根据企业报表情况解读一下企业的战略。

企业的财务报表显示，合并报表中资产的规模逐渐快速增大。在资产的结构中，固定资产和在建工程长期持续规模较大，固定资产原值的规模增长速度远远高于企业营业收入的增长速度。企业盈利能力长期不高。而推动企业固定资产和在建工程的动力在于长期和短期借款。

我告诉董事长：从现有资产结构来看，这个企业没有前途。融资推动的基建是主旋律，经营活动是道具——融资的道具，且经营活动盈利能力低下。企业的固定资产增加与企业的市场关联度不高，在建工程会形成什么固定资产还很难说。我不相信一个企业会长期搞那些与企业主营业务无关的建设。企业未来会在某个年度集中计提资产减值准备，出现巨额亏损。

董事长说：张老师你看的太准了！这个公司的固定资产和在建工程有不少是公司无法控制的建设工程。

上述这些例子表明：站在控股股东立场，能看到公司战略的其他含义。如果控股股东立场与其他全体股东立场一致，就没有问题；如果立场不一致，大股东战略的实施会导致本公司不良资产的长期占用。

这听起来似乎不可思议，但现实就是如此。这是因为：企业是全体股东的，却是由实际控制人控制的。企业的行为不受全体股东支配，而受实际控制人支配。

七、从资产负债表看战略之五：集团管理

通过报表来考察集团管理，我们主要关注母、子公司的集权管理与分权管理。

（1）筹资管理。在有债务融资的企业报表中，我们经常会观察到一种现象——在报表中表现为“三高”——短期或者长期借款（包括一年内到期的非流动负债、应付债券等）高，财务费用高，一项或几项资产高。

下面看看特变电工的情况（见表5-7和表5-8）。

表5-7　特变电工2015年度部分资产、负债数据　单位：元

	2015年12月31日		2014年12月31日	
	合并数	公司数	合并数	公司数
货币资金	15 016 999 361.08	7 307 547 824.23	11 184 182 686.57	5 804 671 638.64
其他应收款	701 720 399.01	2 486 788 684.45	474 475 436.62	3 274 912 889.42
……				
短期借款	6 192 810 107.24	957 639 325.92	5 343 027 077.61	2 004 312 576.40
一年内到期的非流动负债	3 744 044 999.21	1 750 000 000.00	1 763 074 000.00	500 000 000.00
长期借款	7 247 137 963.37	2 939 000 000.00	6 276 629 720.68	750 000 000.00
应付债券	700 000 000.00	700 000 000.00	1 700 000 000.00	1 700 000 000.00

表5-8　特变电工2015年度利润表部分数据——财务费用　单位：元

	本年合并数	本年公司数	上年合并数	上年公司数
财务费用	636 804 772.29	−70 297 488.42	642 099 145.57	−60 465 353.47

通过上述报表中的数据，我们可以分析特变电工在筹资管理方面的一些特点。

首先，我们看一下公司自己的报表。公司 2015 年 12 月 31 日的短期借款、一年内到期的非流动负债、应付债券和长期借款等一共约为 63 亿元。货币资金年末约 73 亿元。看到这里，我们直观的感觉是企业筹资的必要性和恰当性可能有点儿问题：年末有很多货币资金，但借款量更多。所以我们认为这个公司的“三高”是借款高、财务费用高（本年度财务费用不高，可能部分利息计入了在建工程，也可能平时贷款规模不高）、货币资金高。一般来讲，这种情况下的融资效应是比较差的，但是不是一定不好，还取决于货币资金结构以及融资环境的具体情况。

从货币资金的具体结构来看，一般会包括这样几个方面的内容：现金、银行存款和其他货币资金。其中，其他货币资金是被限制了自由支付的资金，应该尽量控制。在银行存款方面，可能包括募集资金后被限制在专款专用方面的资金、为即将到来的资本性支出（如在建工程或固定资产的购建支出等）进行的资金储备以及用于日常经营周转的资金。在上述几方面的资金中，只有最后一种在管理上要求降低资金占用。

就融资环境而言，企业与银行等金融机构的关系日益复杂。在特定条件下，企业为了与银行保持较好的联系，往往会出现非需求性融资。

在本案例中，考虑到企业曾经到证券市场上募集资金（应付债券就是从市场上筹集资金而引起的负债），因此年末货币资金中可能包括部分募集资金后被限制在专款专用方面的资金。由于缺乏更详细的信息，我们难以进行深入分析。

然后，我们来看看合并报表的情况。比较一下母公司报表和合并报表，我们就会看到，子公司也有很多借款，而且子公司的现金存量也很高。其他应收款的合并报表的数据远远小于母公司报表的数据（由于预付款项的合并数据大于母公司的数据，因此母公司以预付款项的方式向子公司提供资金的情形不明显），财务费用合并报表的数据远远大于母公司的数据。

总结一下：特变电工当年的融资管理采取的是集权与分权相结合的方式。在集权管理方面，母公司的借款中有一部分是给子公司准备的，并通过其他应收款已经提供给了子公司。在分权方面，子公司在自身资金不足时还会进行自主债务融资。但是，合并报表的贷款规模远远大于母公司贷款规模，合并报表的货币资金规模远远大于母公司货币资金规模，合并报表的财务费用规模远远大于母公司财务费用规模，这些都表明，特变电工的筹资活动总体上来说分权化的程度较高。

在分权化程度较高的情况下，整个企业集团的融资效应可能会降低：一方面，在合并报表上表现为大量的货币资金存量，另一方面又表现为大量的贷款总额。其结果是整个集团的财务费用大大增加。

（2）销售费用管理。在销售费用的管理上，我们要特别注意付款者和受益者的脱节问题。会计的权责发生制和会计分期假设保证了每一项业务能在其发生的期间在报表中表现出来，但是会计没有解决付款者和受益者的脱节问题。

我们在分析时经常会使用销售费用率，即销售费用除以营业收入所得到的比率。在分析公司自己的数据时，你很清楚这个数字是怎么回事儿——是怎么得到的、说明什么问题。但是在分析其他公司时，我们单纯地看数字就可能会有问题，比如付款和受益脱节。这涉及营销活动的管理问题。

下面我们以华谊兄弟 2015 年度报告中的相关信息为基础进行分析（见表 5-9）。

表 5-9　　华谊兄弟 2015 年利润表部分数据——销售费用　　单位：元

	本年合并数	本年公司数	上年合并数	上年公司数
营业收入	3 873 565 085.38	782 557 443.46	2 389 022 826.74	578 501 585.36
销售费用	585 761 094.03	209 767 729.59	329 827 311.82	70 882 114.64

我们注意看一下华谊兄弟报表中本年的信息：母公司的销售费用虽然不高，为 2.09 亿元，但与其营业收入 7.82 亿元相比已经很高：销售费用率大概为 26.72%。再看合并报表，销售费用为 5.85 亿元，这意味着子公司大概有 3.8 亿元左右的销售费用。合并报表的营业收入约为 38.73 亿元，如果我们进行简单的差量分析基础上的比率分析，就会计算出子公司的营业额约为 30 亿元，从而得出子公司的销售费用率只有不到 12.7%——比母公司的销售费用率低得多。

但是，不能简单地进行此类分析。这涉及企业集团母、子公司之间的销售或者营销活动的管理模式问题。

营销管理涉及很多方面，比如渠道、广告、人力和设施安排等。在实行集团管理的条件下，一般会有三种不同的安排。我们以大学的广告宣传为例，第一种情况是母公司花钱、子公司受益，比如每年 3 月很多大学由学校统一印制一些宣传材料，均衡笔墨地介绍所有学院和专业，但是各专业录取分数不一样、招收人数不一样，因此各学院的实际受益程度不一样，但各学院并不支付宣传费用。第二种情况是子公司花钱、子公司受益，比如各大学商学院的 MBA、EMBA 中心有个性化的宣传需求，学院要自己印一些材料，有自己的增量广告支出等，在这个过程中基本上是学院付款、学院受益。

第三种情况是子公司花钱、母公司受益。既然母公司可以为子公司支付营销费用，子公司也完全有可能为母公司支付相关费用。当然，大学的学校和学院的关系并不简单等同于母、子公司之间的关系，这里只是为了说明问题。

因此，在实行集团化管理的条件下，销售费用的支出和受益的具体情况与特定企业的内部管理体制相关，不能简单地说母公司或子公司的销售费用效率高或者低。

回到华谊兄弟的例子，你会发现，企业集团的管理模式、集团内部子公司业务之间的协同性与关联度以及子公司的分权程度等均会影响数据在报表上的表现。

（3）管理费用管理。如何分析集团内管理费用的关系呢？可以从权力划分和制定依据两方面来考虑。看一下华谊兄弟 2015 年度报表中的相关信息（见表 5－10）。

表 5－10　　华谊兄弟 2015 年利润表部分数据——管理费用　　单位：元

	本年合并数	本年公司数	上年合并数	上年公司数
营业收入	3 873 565 085.38	782 557 443.46	2 389 022 826.74	578 501 585.36
管理费用	416 346 983.88	81 740 285.08	229 582 686.71	89 844 732.36

报表中的管理费用信息显示：上年母公司为 8 900 多万元，子公司为 1.4 亿元左右（用合并报表数据直接减去母公司数据）；本年母公司下降到 8 100 多万元，子公司增加到 3.3 亿元左右。本年公司营业收入为 7.82 亿元，比上年增长了 2 亿多元，管理费用反而有所下降。子公司在收入显著增加的同时，管理费用也在显著增长。

请读者注意：千万不要一见到数据就急于分别计算本年度、上年度母公司和合并报表的管理费用率（用管理费用除以营业收入），然后对管理费用率进行直接比较，并依据数据得出管理费用有效性的评价。应该更多地考虑企业管理的实际情况。

在公司的发展中，许多费用是固定的，比如人头费、折旧费、车辆维护费、租金等。业务的增长需要管理系统的支撑，管理费用会有所增长。一般情况下，管理费用通常不会大量减少，除非有较大变故，比如：企业年度间出现新的并购，新企业的业态会影响费用的发生；整个集团分拆，换了大股东后大规模削减管理人员，重大股权结构变化导致团队变化，或者业务萎缩精简机构，等等。

另一方面，子公司人力资源的薪酬管理、企业整体的研发安排等都会对子公司的管理费用规模产生影响。

我们在考虑管理费用时，还要问问：子公司的管理费用计划是谁制定的，是子公司制定的还是母公司制定的？制定的依据是什么，在柬埔寨的子公司和在日本的子公司标准一样吗？管理费用和什么挂钩，是和业务规模挂钩还是和业绩挂钩？如果子公司的管理费用过高，是否意味着集团管理的某些方面需要改进？

第 6 章/*Chapter Six*

看经营资产管理与竞争力

下面我们看看报表所揭示的企业经营资产的管理质量方面的信息。

一、货币资金存量管理

货币资金存量的恰当性是财务管理中经常讨论的问题。企业的货币资金应该保有多少？有答案吗？这还真不好说。比如，各位读者能否不经清点就说出自己随身携带了多少现金？我相信几乎没有谁可以做到。这很正常。管理货币资金的存量和我们管理随身携带的现金一样，在很多情况下做到“差不多”就行。更重要的是，每个人需要随身携带的现金数必定不一样，但是心中应该有个大概的数字，即需要随身带多少现金，以备多大的支出。

讨论企业到底应该保有多少现金，必须了解企业的备用现金有什么用途。除了融资后被限制用于募集资金的特定投向的部分外，企业的现金用于两种支付，一种是用于资本性支出（比如买地买房，或者购买大型设备），另一种是为了维持日常周转。

1. 资本性支出管理

资本性支出主要用于固定资产、无形资产、对外投资等。关于资本性支出的决策，主要取决于企业的战略安排，由企业的战略决定。

西方财务管理中有一个术语叫做“自由现金流量”，一般指的是一定时期经营活动产生的现金流量净额与当期资本性支出之差。这个概念如果用于衡量企业在特定时期的融资需求是有意义的。但如果用于衡量企业经营活动现金流量的充分程度，意义就不大了。

这是因为，企业的经营活动现金流量主要取决于企业核心利润获得现金流量的能力，资本性支出则取决于企业的战略安排。

从根本上说，除了经营活动现金能力超强的极少数企业外，企业资本性支出所需的资金绝对不能靠经营活动现金流量来支持，必须有另外的融资安排，而这个安排又取决于企业长期的发展计划和长期的战略安排。经营活动产生的现金净流入量有很多用途：经营活动现金净流入量要解决简单再生产问题，然后要补偿折旧，补偿无形资产摊销，支付利息，还要分红……所以资本性支出一般不能靠经营活动产生的现金净流入量来解决，要通过融资来另行安排。

我们再看一下特变电工 2015 年末的货币资金。母公司年末的货币资金存量达 73 亿元，有这么高的现金存量为何还借钱呢？能不能少借一些呢？有一个非常重要的可能性：特变电工在证券市场上募集了很多资金，但这些资金必须用于特定的项目，在账户上是不能随意挪作他用的，只能按照筹资计划、按照规定严格管理。在这种情况下，对于其他资本性支出，要另行安排筹资，或者借钱，或者想其他办法。当然，这也可能是由于银行与企业有更广泛的合作关系而安排的融资。

2. 日常周转管理

只有用于日常经营周转的资金才存在存量控制问题。日常周转资金的存量问题取决于企业的管理能力和竞争力，这里的竞争力指的是企业经营活动获取现金流量的能力。货币资金要在保证自身周转不中断的条件下做最恰当、资金额最低的安排，因为货币资金没有太大的增值幅度。但是只要让货币资金运动起来——买点存货去卖，或者购买固定资产用于经营，它的增值能力一般会更强。

在日常周转中，企业的管理能力和竞争力必然会转变为两个内容——一个是获得利润表的核心利润，另一个就是产生现金流量表中的经营活动现金净流量。简单地说，核心利润就是利润表中纯经营的部分，也就是毛利减掉营业税金及附加再减三项费用的部分。核心利润必须带来相应的现金净流量。如果企业的核心利润很好，现金能力很强，就根本不用担心这个企业的经营活动的现金周转有问题。稍后，我们会详细探讨核心利润和经营现金净流量之间的关系。

我在流行的财务管理教材中看到，国外有一套方法可用于计算最佳现金存量，但国内很多企业几乎不计算最佳现金存量。实际上，现金存量的结构较复杂，与环境的关系很大，因此很难用数学公式计算。

3. 融资环境

融资环境对货币资金存量也有影响。

先讲一个故事。

我教过的一个30多岁的学生告诉我，他与夫人两个人的月工资收入是3万元左右，买房和买车的月供加在一起是2.5万元，每个月剩余的5 000元经常会入不敷出。在入不敷出的情况下，他会选择用信用卡消费。有临时的急需时，再找朋友借钱应付过去。这种状况已经持续几年了。我们的问题是：他为什么要做这样一个经常会出现赤字的资金收支安排?

我们换一种说法来分析这个学生的安排：月工资收入 3 万元就是两个人的劳动所得，属于经营活动现金流入量。使用信用卡和找朋友临时借钱是融资工具，体现其融资能力。这表明，这个学生一定对自己全家未来的经营活动现金流入量的持续增长有信心，同时对自己的融资环境和融资能力有信心。

对于企业而言也是如此。如果一个企业的经营资产可以产生预期规模的核心利润，而核心利润又可以产生较为理想的经营活动现金净流入量，则较小规模的现金存量不会导致企业周转困难；同时，如果企业的融资环境很好，企业的融资能力很强，则现金存量规模较小也不会带来什么问题。

当然，在一般情况下，现金存量稍微高一点儿比较好，可以应对临时性的情况。也就是说，用于经营周转的现金存量的规模取决于核心利润的现金能力和融资环境，以及管理者的特质。

综上所述，货币资金存量取决于很多因素，有理财理念问题，有盈利能力问题，有融资环境问题……所以保存多少现金存量是没有最佳答案的。有一种非常好的管理现金流量的方法就是现金流量预算管理。

二、以存货为核心的上下游关系管理

以存货为核心的上下游关系管理，就是与存货有关的收付款过程的管理，表现在资产负债表上，就是经营性的债权债务和存货的动态关系管理。下面分别加以分析。

1. 购货付款安排

值得注意的是，尽管我们是在讨论看报表的问题，但千万不要陷到数字里面去，要注重挖掘数据背后的东西。

下面看看企业采购的付款是怎么安排的。

大家买东西都怎么付款呢？不同的付款方式在报表上的对应关系是怎样的呢？如果在货物到达之前先付款，在报表里就会形成一个项目叫“预付款项”，货到了以后就形成企业的存货；如果存货来了企业还没有付钱，那么企业在存货增加的同时会形成同等规模的“应付票据”或“应付账款”。

这里要说明两个问题：第一，预付款项、应付账款、应付票据这三项有时未必是由于存货采购而引起的，可能是买设备、付工程款等原因引起的，但经常性的购买一定是存货购买。第二，制造企业报表上的存货金额是不是一定引起这几个项目（预付款项、应付账款、应付票据）的变化？当然不是，我们所讲的产品成本的“料、工、费”，除了原材料之外，还包括（不需要现在就花钱的）折旧和人工费用（通过应付职工薪酬来反映）。报表上的存货资产金额多大程度来源于上述几个项目（预付款项、应付账款、应付票据），取决于存货的加工转换成本有多大。

我们从付款安排来考察企业的欠款能力。需要说明的是，下面要讨论的分析方法既可以用于母公司报表，也可以用于合并报表。只不过在对合并报表进行分析时，所反映出来的是以上市公司为母公司的企业集团整体的对外付款状况。

下面基于格力电器2015年度的合并报表信息进行分析。之所以选择合并报表信息，也是为了尽量剔除选用母公司报表时可能出现的母、子公司内部往来对分析的干扰（如果母公司通过预付款项的方式向子公司提供资金支持，就会对我们分析母公司对外实际付款的状况形成干扰）。

下面看一下格力电器2015年度报表相关信息（见表6-1）。

表6-1 格力电器2015年合并资产负债表部分数据——采购付款安排 单位：元

	年末		年初	
	合并数	公司数	合并数	公司数
存货	9 473 942 712.51	8 670 596 377.12	8 599 098 095.97	6 628 236 813.58
预付款项	847 929 149.71	3 634 956 003.75	1 591 487 357.94	2 372 298 627.17
……				
应付票据	7 427 635 753.74	7 237 386 266.55	6 881 963 087.81	5 999 909 205.58
应付账款	24 794 268 372.47	40 616 067 475.26	26 784 952 481.63	36 838 580 264.43

如果读者看一下本书前面的格力电器2015年度资产负债表的整体状况，就会发现合并报表的固定资产、在建工程和无形资产均不是特别活跃。因此，这里的付款分析基本上可以反映企业对外采购存货的付款状况。

合并报表的数据显示，企业年末的存货约为94亿元，但是应付票据与应付账款之和达到约322亿元。基于前面对于制造业存货构成的分析，当企业的存货余额为94亿元时，需要支付给供应商的金额一定少于94亿元。企业不应有这么多欠款，但实际情况却是企业出现了与存货相对应的负债远远大于存货规模的情况，这是什么原因呢？

举个例子来加以说明。比如企业采购了9亿元的存货，在购买时没有付款，此前也没有支付预付款。为了便于说明，我们忽略增值税。此项采购业务的发生对报表有两个方面的影响：在资产方面，存货增加了9亿元；在负债方面，企业的应付账款（或者应付票据，假设用商业汇票结算）增加了9亿元。

在存货采购入库的第二天，企业卖出3亿元，此时存货就变成6亿元。但是，不管企业是否收到货款，按照约定，企业还没有到向供应商付款的时间——企业卖货的速度快于对外支付货款的速度！

如果这种状况成为一种常态，就是与供应商谈判能力强的表现，或者说是一种在付款安排上有竞争优势的表现。

现在我们继续分析，与存货采购付款相关的项目中还包括预付款项：合并数字是8亿元。那么，怎样看待一般意义上的预付款项的规模呢?

一般来说，预付款项会涉及下面几种情况：

第一种情况，向子公司提供资金型。格力电器2015年末母公司与合并报表的预付款项就属于这样的情况。合并报表的预付款项的规模远远小于公司自己的规模，呈现出越合并越小的态势，其差额就是向子公司提供的资金的基本规模。这实际上相当于我们在前面分析过的其他应收款，这个项目通过预付款项为子公司提供资金。

第二种情况，经营拉动型。企业由于经营需要而对外支付预付款。特变电工就是这样的例子。该公司合并报表的数字远远大于母公司的数字，呈现出越合并越大的态势，表明母公司和子公司一致对外支付预付款。

我对特变电工的预付款项比较高的情况已经关注好几年了。在2011年3月“两会”期间，我与特变电工的张新董事长谈到了该公司的财务状况。他说，引起母、子公司预付款项较高的原因主要有三个：一是材料采购的预付款，主要是为了锁定某些原材料的价格；二是固定资产购建和在建工程的预付款，公司过去几年一直处于快速发展期，每年都需要购建一些固定资产、无形资产，需要支付一些预付款；三是一些产品需要铁路运输，要预订车皮，需要支付预付款。这表明，正是特变电工的正常经营发展导致了一定规模的预付款项。

第三种情况，关联方占用型。企业的控股股东和关联方在从企业提走现金或者占用企业其他资源时，一般是通过“其他应收款”项目来反映的。但是，由于越来越多的人对其他应收款的过大规模（尤其是合并报表中其他应收款的过大规模）保持较高警惕，一些单位为了掩盖关联单位占用公司资源的情况，把被占用的资源反映在“预付款项”上。如果企业的预付款项属于此类，则其质量在很大程度上属于不良。

假设本案例合并报表预付款项的 8 亿元是正常采购的预付款，则综合来看，企业在存货采购方面的付款安排的原则是存货周转速度远远快于企业对供应商的付款。与此相对应，企业由于富有成效的付款安排节约了较多的资金（实质上是占用供应商的资金谋求自己的发展）。

2. 销售回款安排

谈到销售回款安排，很多人习惯于计算应收账款周转率。计算公式是：

$$\text{应收账款周转率}=\frac{\text{营业收入}}{\text{平均应收账款}}$$

请读者注意：不要使用这个公式计算，因为无论怎样计算都是不正确的。原因在于：

首先，企业的应收票据、应收账款和预收款项共同推动了企业的营业收入。应收票据是以商业汇票为结算方式形成的赊销债权，应收账款是以合同约定为基础形成的赊销债权，应收票据加应收账款才是企业对外赊销而引起的债权总规模。另外，企业的销售活动不仅有赊销，还有预收款销售。三个项目共同推动了营业收入，因此不能将应收账款与营业收入相比较。在现有信息不能确定哪些营业收入是由应收账款引起的条件下，仅仅用被夸大了的由应收账款推动的整个公司的营业收入与应收账款对比计算，完全歪曲了企业应收账款的周转速度。我们不可能假设企业的应收票据和预收款项为零或者忽略不计。

其次，即使企业的应收票据和预收款项为零，该公式也是错误的。大家都知道，企业的营业收入是不含销项增值税的。但是，企业在收取销售款项的时候，要向买方收取增值税，在营业收入为100元、增值税率为17%的情况下，企业收到100元×1.17的时候，就实现了一次债权周转。但是，在前面的公式中，营业收入是不包括增值税的。显然，这个比率是错误的。有的读者说，这好办，营业收入×（1＋增值税率）不就解决问题了吗？但是，还会出现其他问题。

最后，报表披露的应收账款是减去坏账准备以后的净额，很多企业的坏账准备规模在报表里和附注中都看不到。而企业债权周转的是原值，不是净值。有的读者可能会说，坏账准备不会太高，直接用应收账款净额计算不会有太大差异。千万别这样想。企业间的会计准备的估计差异极大。有一个著名的家用电器公司，某年末应收账款净值为3亿元，比年初显著下降。我一看很高兴：企业债权显著降低。结果在审计报告中我看到了注册会计师对这个处理的意见：注册会计师指出，企业报表的应收账款原值为9亿元，企业估计有6亿元难以收回，进行了计提减值准备的会计处理，于是就剩3亿元净值。注册会计师对此不大赞同。9亿元与3亿元的差距太大！

所以说，上述应收账款周转率的计算方法都不正确。有的读者说：我就是要计算这个比率，怎么才能计算正确呢？我认为，可以用应收账款推动的营业收入计算。计算公式为：

$$\text{应收账款周转率}=\frac{\text{应收账款推动的营业收入}\times(1+\text{增值税率})}{\text{平均应收账款原值}}$$

由此可见，企业的结算方式是适应市场而作出的安排。所有的结算方式的安排不是为了展示周转速度，而是为了把存货卖掉。存货卖掉了，企业才可能有利润。因此，存货周转与结算方式是一种动态关系。不能脱离存货周转去讨论结算方式和债权周转问题。

我想再次强调：赊销是手段，而不是目的。企业赊销的目的是获得利润。保持存货周转、货款回收和盈利规模之间的动态平衡关系，这是企业管理的艺术问题，不可能计算出来，只能在实践中摸索。

那么，怎样考察企业的销售回款状况呢？很简单，我们就看与回款有关的各项目的年末、年初的变化状况，看一定时期期末与期初的差额。比如说，如果年初和年末的债权规模大体相同，说明企业当年的赊销货款全部收回了；如果年初的债权是 1 亿元，年末变成了 1.2 亿元，说明企业当年少收回赊销款 2 000 万元。

我们以格力电器 2015 年度报告的相关信息为基础分析（见表 6－2）。

表 6－2　格力电器 2015 年资产负债表部分数据——收款安排　单位：元

	年末		年初	
	合并数	本公司数	合并数	本公司数
应收票据	14 879 805 537.96	13 754 447 428.79	50 480 571 355.46	49 431 835 044.64
应收账款	2 879 212 111.93	3 416 105 149.73	2 661 347 628.69	867 519 605.52
存货	9 473 942 712.51	8 670 596 377.12	8 599 098 095.97	6 628 236 813.58
……				
预收款项	7 619 598 042.86	7 427 598 204.97	6 427 722 358.11	8 524 176 232.97

我们还是采用合并报表的数据进行分析。

第一，看债权的回款情况。应收项目从年初的约 531 亿元下降至年末的约177亿元，减少了约354亿元，也就是说当年多收回354亿元的货款。这意味着，企业除了本年度的赊销款都收回来以外，还有年初的354亿元债权被收回。要强调的是，合并报表当年营业额当年比上年有显著下降，下降约395亿元。也就是说，在公司的业务有较大下滑的情况下，企业对债权的管理在加强。

第二，看债权结构的变化。观察应收项目的结构，我们就会发现这个公司债权回收的能力很强。应收项目的主体是应收票据。应收票据往往是银行承兑的商业汇票，回款是有保证的。

至此我们可以得出结论：企业的债权回收在强化。但从年末债权的结构来看，主要是质量较高的应收票据，因此，整体赊销债权的未来回收情况是比较乐观的。

第三，考察预收款项年末与年初的变化。企业的预收款项从年初的64亿元增至年末的76亿元，增加12亿元。这表明企业的预收款能力得到增强。

总体来看，债权回收加强，预售款项负债增加，债权的结构良好。结合前面分析的格力电器的付款安排情况，我们可以得出结论：企业对上下游具有较强的付款安排的竞争力，收款状况从整体上看也是不错的。

要注意该企业的应收账款、应收票据以及应付账款和应付票据的结构所包含的竞争力信息：在应收账款、应收票据的结构中，质量较高的应收票据更多，在应付账款和应付票据的结构中，对清偿有更显著强制性的应付票据更多。这再次体现出企业的上下游关系管理的特点。

通过以上分析，我们不难发现采购、销售收付款分析的核心内容就是“两头吃”的能力。“两头”是指上游的供应商和下游的经销商或者买方。任何企业都想在上下游关系管理上实现“两头吃”，以最大限度地节约自己的资金，但实际上并不是每一个企业都能做到，因为每个企业的竞争力是不同的。

关于这部分内容，我在不同地方遇到有人对于将应收票据与应收账款放在一起进行回款分析提出质疑：应收票据的变现能力很强，具有准现金的特点，在分析时将其作为债权对待是否恰当？实际上，如果在编制现金流量表和资产负债表时，把应收票据视同“现金等价物”而包括在“货币资金”项下，并将应收票据归入现金流量表的“销售商品接受劳务收到的现金”，我们的债权分析就只能包括应收账款了。否则，还是要把应收票据作为债权来处理和分析。

另外，对于特定企业而言，应收账款周转速度的计算是非常简单的：直接计算应收账款的加权平均天数就会得出本单位的债权回收天数，根本就不用考虑营业收入。

3. 营运资本管理

营运资本（working capital），又叫净流动资产，即流动资产减流动负债，有时也译为营运资金。

在1993年会计改革以后，我们才开始引入这个概念，结果闹出了一些笑话。大概在2000年，一家房地产企业的总裁对我说：我们是搞房地产的企业，怎么会有营运资金呢？我反问他：你们怎么不能有营运资金呢？他回答：我的概念里，只有铁路部门有营运的事情，我们房地产企业又不营运，哪里来的营运资金？听了他的话，我哭笑不得。

那么，这个概念是从哪里来的？在美国，早期卖东西都是赶着马车去（其实在中国也是这样），马车上的那些货物以及与货物有关系的东西就叫“working capital”，比如货物卖出后得到的现金就是货币资金，赊出去的货物引起的债权就是应收账款，赊购进来的货物引起应付账款，预先对外付款还会形成预付款项等。总的来说，“working capital”指的就是货币资金、应收账款、存货以及应付账款等经营性往来引起的项目。而车和马等被叫做“fixed capital”，直接翻译就是固定资本，也就是我们所说的固定资产，与“working capital”相对应。

早期概念的产生过程对我们的最大启示是：营运资本管理的核心是以存货为核心的上下游关系管理。

现在，营运资本的概念更加复杂，其中加入了应收票据、交易性金融资产、其他应收款等资产项目，以及短期借款、应付票据、应付职工薪酬、应交税费、其他应付款，等等。营运资本的内容涉及四个方面：第一是采购付款的安排，第二是销售回款的安排，第三是短期借款的安排，第四是其他应收款的安排。把这四个方面的问题搞清楚了，就可以把企业的日常营运问题搞清楚，完全可以不用计算比率。

关于流动资产与流动负债的整体分析，我们在后面介绍财务状况质量分析的内容时再作讨论。

三、固定资产利用

1. 关于固定资产周转率的计算

谈到固定资产的分析，很多人热衷于谈论固定资产的周转速度。固定资产周转速度的计算公式为：

$$固定资产周转率=\frac{营业收入}{平均固定资产}$$

很多书中故意不写明是固定资产原值还是净值，那么在计算固定资产周转率时应该怎样选择？请大家记住：一定要用原值！

我们举一个例子，看看用净值计算周转率的后果。假设某企业的营业收入在一定时期比较稳定，固定资产原值在这个时期也比较稳定。在固定资产逐渐计提折旧的过程中，固定资产的净值越来越小——如果用净值计算，其周转率就会越来越大。在极端的情况下，当固定资产净值为零但还在使用时，它的周转速度就会无穷大。这显然不符合逻辑。

关键的问题是：企业用的是固定资产原值，不是净值。因此，计算固定资产周转率一定要用原值。

2. 固定资产的规模结构与效益及质量

接下来我们讨论与固定资产利用有关的第二个问题：固定资产的规模、结构及变化与存货的规模、结构及变化以及效益和质量之间的关系。请看表 6－3：

表 6－3　　特变电工 2015 年部分财务数据示意　　单位：亿元

固定资产（原值）		存货		营业收入		营业成本		核心利润		经营净现金	
年末	年初	本年	上年	本年	上年	本年	上年	本年	上年	本年	上年
223	216	102	86	374	361	307	299	23	21	20	－13

表 6－3 包括资产负债表、利润表和现金流量表的内容。固定资产一般是由业务引起的，所以固定资产的规模和结构的变化应该与存货的规模和结构（或者业务的规模和结构）相关，并且与市场需求密切相关。而企业资源的运用是要产生效益的，持续发展的企业在获得核心利润的同时，还要产生相当规模的经营净现金（即经营活动产生的现金流量净额）。

从固定资产规模与存货规模之间的对应关系入手，我们可以在一定程度上考察企业固定资产的利用状况。对于存货，关键不在于存多少，而在于周转多少。但是存货的周转也只是手段而不是目的，企业的目的是要获取核心利润，并产生相应的经营净现金。因此，从存货、营业成本到核心利润，我们考察的是企业的效益状况。最后从核心利润的形成到经营净现金的获取，我们可以考察利润的质量状况。

我们可对上面的数字进行简单的分析：

第一，固定资产从年初的约216亿元增加到年末的223亿元（此数据来自报表附注），固定资产原值有所增长，一般认为企业的技术装备得到了一定的改善，生产能力有所提高。

第二，存货从年初的86亿元增加到年末的102亿元，存货的规模大幅提高。一般意味着存货占用的资金在增加，可能是为未来的市场做准备。

第三，看存货的周转速度。在平均存货增加的同时，企业当年的营业成本由299亿元小幅增加到307亿元，存货周转速度明显下降。周转速度下降对于企业而言不是好消息。

第四，看效益——效益也有所增加，但增速比较缓慢。

效益增加不理想的原因可能有两个：一是市场问题；二是内部成本与费用的控制问题。也就是说，问题极有可能出在两个方面，有可能是毛利率下降了，也有可能是费用率提高了——市场竞争激烈，公司产品的市场竞争力下降，导致毛利率下降，费用难以控制，从而使费用率提高。

企业整体的毛利率，上年为17.9%，本年为17.2%。毛利率在下降。毛利率下降尽管有市场的原因，但固定资产的新增折旧也应该是一个因素。

一般来说，固定资产原值增加了，结构就一定会有变化。需要注意的是，固定资产一次性增加太多，容易形成市场有效需求不足的情况，也就是说，固定资产太超前就容易形成固定资产的闲置。本案例中的固定资产增加的百分比不算太高，因此，新增折旧对业绩下降的贡献并不很大。

此外，考察固定资产的利用状况。我们通常说营业收入与固定资产原值之间的关系表示了固定资产的利用状况。事实上，在企业技术水平没有显著变化的情况下，固定资产原值与存货规模之间应该有一定的联系。固定资产投入生产后所形成的不是产品的产值，而是存货的生产成本。

在本案例中，还要注意的是，虽然企业固定资产规模增加并不太多，但企业的存货规模大幅增加。为什么会出现这种情况呢？通常来讲，有这样几种可能：一是固定资产技术水平有变化，或者企业在物流组织方式上有重大变化，企业需要储存更多存货；二是固定资产增加了，但是市场在短时间内对产品有更大的增量需求，导致企业的存货大幅增加；三是企业的生产与市场出现脱节，造成存货积压；四是企业有盈余管理（利润调节）的嫌疑，通过存货增加来调高当期毛利和核心利润。

那么，有哪些措施可以提高利润率呢？

首先应改善产品的销售毛利率。由于该企业生产的产品基本不属于最终消费品，因此，就毛利率的提高途径而言，除了要强调产品的技术含量，提高企业固定资产的利用效率以降低产品的生产成本外，更要解决规模效益问题。

要注重提高产品的内在品质，更应注重适应市场需求的变化。某大学的一名 EMBA 学员告诉我，他在尝试销售一种与园林绿化有关的小包装的产品。在开始的时候，产品卖 2 元一袋，根本卖不动。

后来在不改变产品的情况下，把价格直接提高到10元一袋，没想到卖得很好。这就改善了毛利率。当然，我并不主张超越消费者的承受力和商业道德底线去卖高价。

除了提高毛利率外，还要同时考虑降低销售费用、管理费用和财务费用的费用额和费用率。需要注意的是，在企业面临较大的市场竞争压力的情况下，企业的上述费用中的销售费用和管理费用在规模上是很难减小的。降低费用率的主要途径仍是扩大市场容量。

第五，看效益的质量——核心利润产生经营净现金的情况。特变电工当年的核心利润为23亿元，经营净现金为20亿元。表面上看，企业核心利润获取现金流量的能力较好。一般而言，在存货整体周转速度超过每年2次的情况下，企业核心利润产生的经营净现金较为理想的规模是相当于核心利润的1.2～1.5倍。按照这个经验数据，企业当年的核心利润为23亿元，整体存货周转速度超过2次，较为理想的经营净现金应该达到24亿元以上。企业核心利润产生现金流量的能力略显不足。

企业的利润不对应货币资金的增加，那么对应哪些项目的变化呢？请读者考察一下特变电工2015年度资产负债表的合并报表数据，就会发现：企业的应收账款和应收票据之和比年初有较大幅度增加、存货有较大幅度增加——这两项增加均会导致企业的利润增加，但不导致企业经营活动产生的现金流量增加；企业的预收款项年末比年初有较大幅度下降——继续导致企业经营活动产生的现金流量增加不利。企业处于应收收不回、预收收不上的状况。

另一方面，企业回款的不利局面，通过增加对供应商的负债——应付票据与应付账款的增加在一定程度上缓解了企业的经营现金的周转压力。考虑到企业上年度的经营活动现金净流量为负数，企业利润的整体、长期盈利质量需要持续关注。

四、资源管理的综合效应

企业的有形资产（如固定资产、存货等）与业务有内在联系。比如，固定资产投入多少就可能实现多少产值，酒店有多少客房就能容纳多少客人，等等。

但是，对于无形资产，我们却看到了一个有意思的现象：通常无形资产的范围广、内容多，但是入账的无形资产却很少。尤其是企业自行开发、研制的无形资产，在账面上就表现得更少了。

出现这种情况的原因在于，无论是自创无形资产的取得成本还是受益期，均具有较强的不确定性。在会计处理上，一般入账的无形资产仅仅是外部购入的部分。自创无形资产大多游离在报表之外。这样的会计处理，使得我们很难将无形资产的规模和结构与企业的固定资产和业务等结合起来进行分析。但必须强调的是，无形资产与有形资产有机结合才能使企业产生利润。

因此，对企业资源管理的综合效应只能进行综合分析。总资产报酬率（利息前和税前利润除以平均总资产）和净资产收益率（也可以叫股东权益报酬率，即净利润除以平均净资产），可用来考察企业资产管理的综合效应。

五、关于高商誉并购与企业集团整体的综合效益

在企业有融资能力尤其是有从资本市场上进行融资的能力的条件下，企业可以通过融资并购来实现扩张。此时，如果企业的并购对价超过被并购企业的公允价值，则对价与被并购企业的公允价值之间的差额就形成并购企业合并资产负债表的商誉。

显然，商誉意味着卖方高于被并购企业公允价值而支付的并购对价，是买方的额外并购代价。

那么，高商誉并购意味着什么呢？

以我的观察，至少有这些含义：

意味着买方的高预期。这种预期既可能是财务方面的，如被并购企业的未来的财务业绩；也可能是战略方面的，如被并购企业与并购方的现有产业不具有较好的战略协同性；还有可能是其他方面的，如提升并购方的社会声誉，等等。

意味着卖方的高业绩对赌。在卖方承诺未来的业绩并有对赌安排的条件下，高商誉并购就有了证据依据。

意味着买方的高风险。无论如何，高对价是买方已经付出的资源。但未来的业绩承诺和公司表现仍然具有变数。下面看一下华谊兄弟2015年度报告的相关信息（资产负债表和利润表分别见表6-4和表6-5）。

表6-4　　华谊兄弟2015年12月31日资产负债表　　单位：人民币亿元

	年末		年初	
报表类型	合并	母公司	合并	母公司
流动资产：				
货币资金	36.62	19.99	18.29	6.56
应收票据	0.08		0.06	
应收账款	16.58	7.74	16.12	5.55
预付款项	11.14	5.56	9.21	4.09
其他应收款	0.89	9.30	0.50	14.21
存货	7.16	1.85	8.16	1.91
一年内到期的非流动资产	0.58		0.04	
其他流动资产	0.18	0.01	0.11	0.01

续前表

报表类型	年末		年初	
	合并	母公司	合并	母公司
流动资产合计	73.23	44.45	52.50	32.33
非流动资产：				
可供出售金融资产	34.51	30.86	16.95	15.73
长期应收款	1.54		0.67	
长期股权投资	24.47	65.30	7.84	23.45
投资性房地产	0.45			
固定资产	3.44	0.23	3.54	0.23
在建工程	3.66			
无形资产	0.67		0.74	
商誉	35.70		14.86	
长期待摊费用	0.30	0.25	0.20	0.15
递延所得税资产	0.97	0.24	0.89	0.27
非流动资产合计	105.71	96.88	45.69	39.82
资产总计	178.94	141.33	98.19	72.15
流动负债：				
短期借款	18.89	6.07	7.85	4.36
应付账款	4.34	3.54	3.11	2.24
预收款项	4.02	0.68	3.05	0.19
应付职工薪酬	0.29	0.01	0.24	0.01
应交税费	5.78	4.23	4.25	2.85
应付利息	0.21	0.18	0.18	0.16
其他应付款	12.74	13.71	3.03	1.70
一年内到期的非流动负债	4.35	1.24	1.42	1.00
其他流动负债	9.00	9.00	6.00	6.00
流动负债合计	59.62	38.65	29.13	18.51
非流动负债：				
长期借款	5.45	3.54	8.49	2.74
递延所得税负债	6.39	5.73	3.64	3.64
递延收益—非流动负债	0.17		0.13	
非流动负债合计	12.02	9.27	12.25	6.38

续前表

报表类型	年末		年初	
	合并	母公司	合并	母公司
负债合计	71.64	47.92	41.39	24.89
所有者权益（或股东权益）：				
实收资本（或股本）	13.92	13.92	12.42	12.42
资本公积	41.76	40.50	8.30	6.01
其他综合收益	14.31	15.26	8.81	8.81
盈余公积	2.97	2.97	2.47	2.48
未分配利润	26.39	20.76	18.36	17.55
归属于母公司所有者权益合计	99.35	93.40	50.37	47.26
少数股东权益	7.95		6.43	
所有者权益合计	107.30	93.40	56.80	47.26
负债和所有者权益总计	178.94	141.33	98.19	72.15

表6-5　　华谊兄弟2015年度利润表　　单位：人民币亿元

报表类型	本年数		上年数	
	合并	母公司	合并	母公司
一、营业收入	38.74	7.83	23.89	5.79
减：营业成本	19.26	3.30	9.34	1.34
营业税金及附加	0.24	0.01	0.14	0.00
销售费用	5.86	2.10	3.30	0.71
管理费用	4.16	0.82	2.30	0.90
财务费用	1.42	0.97	0.99	0.80
资产减值损失	0.18	0.10	0.30	0.01
加：公允价值变动净收益				
投资净收益	6.27	3.93	4.26	8.74
其中：对联营企业和合营企业的投资收益	0.14	0.01	0.33	0.01
汇兑净收益				
二、营业利润	13.88	4.47	11.79	10.76
加：营业外收入	1.11	0.62	1.03	0.49
减：营业外支出	0.03	0.00	0.03	0.00

续前表

	本年数		上年数	
报表类型	合并	母公司	合并	母公司
其中：非流动资产处置净损失	0.01	0.00	0.00	0.00
三、利润总额	14.96	5.09	12.79	11.25
减：所得税	2.78	0.14	2.45	2.22
四、净利润	12.18	4.95	10.34	9.02
减：少数股东损益	2.42		1.38	
归属于母公司所有者的净利润	9.76	4.95	8.97	9.02
加：其他综合收益	5.53	6.46	−4.13	−4.14
五、综合收益总额	17.72	11.40	6.21	4.88
减：归属于少数股东的综合收益总额	2.45		1.38	
归属于母公司普通股东综合收益总额	15.26	11.40	4.83	4.88

我们首先考察一下母公司自身的资产负债表。

母公司资产负债表显示：公司年末资产总计比年初有较大幅度增加。资产负债表右边显示，导致公司资产总计增加的主要因素是公司当年发行了股票（公司股本和资本公积之和年末与年初相比增加了 30 多亿元，这应该是发行股票了。读者可以考察其现金流量表。现金流量表证实了这一点）。这表明，公司年度内的资产增加是融资导致的。

我们再看一下公司资产结构的变化。公司的经营资产虽有所增加，但令人印象深刻的资产变化主要集中在长期股权投资、可供出售金融资产、其他应收款和货币资金等项目上。这说明，公司的融资促进了这几个项目的整体增加：融资推动了投资，这是本年度公司资产变化的主旋律。具有战略意义的资产变化是长期股权投资。本年度增加了大约 40.83 亿元。

下面我们粗线条地分析一下本年度的控制性投资的变化。

年初公司的长期股权投资为 23.45 亿元，合并报表的长期股权投资为 7.84 亿元。表明企业的控制性投资的规模约为 15.61 亿元。

年末公司的长期股权投资为 65.30 亿元，合并报表的长期股权投资为 24.47 亿元。表明企业的控制性投资的规模约为 40.83 亿元。

这样，本年度新增加的控制性投资为 25.22 亿元。

我们在前面已经谈到，当进行控制性并购时，若并购对价超过被并购方的公允价值，就会出现商誉。

合并资产负债表显示：商誉年初为 14.86 亿元，年末为 35.70 亿元。年度增加 20.84 亿元。

这就是说，公司约 25.22 亿元的控制性投资，实现了并购商誉 20.84 亿元。并购对价的主体是商誉。

当然，这是我们根据报表直接作出的分析。要了解更为精准的分析，读者可以参考企业发布的相关公告。

请读者注意的是：由于商誉没有期限，因此不计提折旧。企业应该定期对被并购企业进行评估，并对相关商誉进行减值测试。当出现减值时，就要计提减值准备。

下面再看看利润表。我在前面讲过，在企业有控制性投资的情况下，考察企业的盈利状况应该看合并利润表。

合并利润表显示，企业的营业收入从上年的 23.89 亿元增加到本年的 38.74 亿元。并购使得公司的业务能力得到极大改善。

营业利润从上年的 11.79 亿元增加到本年的 13.88 亿元，净利润从上年的 10.34 亿元增加到本年的 12.18 亿元。

但是，如果我们把合并利润表中与一般经营活动毫无关联的投资净收益去掉，企业的核心利润并没有什么变化。这说明，被并购企业的营业能力与盈利能力并没有表现出显著优势。

总结一下这个案例的一些脉络：公司通过发行股票融资，通过高商誉并购实现扩张，当年营业收入有较大提高。但整个集团的毛利率显著下降，核心业务的盈利能力没有显著改善。在公司利润表的主要项目营业收入、营业利润、净利润等有所改善的情况下，利润结构展示出来的信息并不令人振奋。由于高商誉并购，公司的总资产周转率、总资产报酬率均有可能出现恶化的情况。当然，公司只要保持强劲的融资能力以及扩张能力，利润表的维持应该是没有问题的。但是，基于整个集团资产规模的综合盈利能力以及可持续性，是需要持续关注的问题。

第 7 章/*Chapter Seven*

看效益和质量

企业的效益主要体现在利润表上。但是，要了解效益的质量，仅看利润表是不够的，要结合资产负债表和现金流量表。

首先我们介绍一些重要的利润概念，有些在前面的内容中已经涉及。

先看利润表的基本结构（参见本书后面的案例资料中利润表的格式）。第一行营业总收入中的“营业”这一概念范围很广，既包括产品或者劳务的经营，也包括与管理、决策有关的对利润有直接影响的信息（如资产减值损失等），还包括通常不被视为营业活动的投资活动产生的投资收益以及公允价值变动收益等。这导致利润表里的营业利润与营业收入存在较大的不可比性。

因此，我们有必要分层次认识利润表。

第一，毛利，即营业收入减去营业成本，反映产品的初始盈利能力。这一概念非常重要。

第二，核心利润，可用来分析企业的纯经营活动带来的利润。前面已经提到，核心利润＝毛利－三项费用（销售费用、管理费用、财务费用）一营业税金及附加。核心利润是我们分析企业经营活动盈利能力的核心。相当多的利润表分析以核心利润的分析为主。

第三，营业利润，包括非传统经营活动的利润。这里所说的营业利润和资产负债表中的经营资产的内涵不同，它包括投资收益等。

第四，利润总额和净利润。利润总额与营业利润之间的差异在于营业外收入和支出。利润总额减去企业所得税费用就是净利润。

那么，对利润表的分析一般是怎样的呢？主要包括三个方面：一是规模分析，主要是对营业收入、各项费用、利润的规模情况进行计算和分析。二是结构分析，即对利润的结构进行细化的分解，比较相关的项目，计算诸如毛利率、各项费用率等。三是趋势分析，查看企业在年度间的主要财务指标的变化及其趋势。

这种分析模式解决了一些问题，但有显著的缺陷——就利润表本身而进行的利润分析，视野太窄。

现在我们谈利润、看效益，就是要对利润的质量进行分析。

关于利润质量的概念，在国内的文献里有两种表达，一种表达是“盈余质量”，另一种表达是“利润质量”。盈余质量是由英文“quality of earnings”翻译而来的，利润质量是我在国内首次提出并进行系统论述的一个财务状况质量的概念。其实它们的含义基本相同。

看企业的利润质量，可以从三个方面入手：一是对利润的实现过程进行考察。利润表是一定时期的报表，反映了一定时期内与利润相关的项目情况，利润表中对利润的实现过程描述得很清楚。二是要看利润的结构及其变化发展方向。三是要看结果。读者可能会问：企业的利润在哪里？企业利润的结果是什么？实际上，利润的结果是资产。因此，对资产质量的分析是对企业利润质量分析的应有内容。

简言之，利润表的基本关系可以用收入减去费用等于净利润来概括。

下面简要介绍相关概念。收入是指使利润增加的因素或项目，包括营业收入、营业外收入、投资收益等。但收入和收益有区别，收益往往指净值。费用是指使利润减少的因素或项目。我们所谈的收入和费用一定是针对利润表的。

必须注意的是，企业利润的核心是核心利润。因此，对利润实现过程的分析应从核心利润的实现过程入手。

一、核心利润实现过程的质量

1. 营业收入的质量

关于营业收入的质量，主要涉及以下三方面的问题：

（1）卖什么。

其一，看企业销售的产品或劳务的结构与竞争优势及其持续性。看企业的收入，必然要关注营业额的规模变化，但更重要的是要观察企业销售的产品或者劳务的结构变化。产品或者劳务的结构及其变化应该与企业的战略有非常清晰的关系。企业是干什么的，企业在行业的定位是怎样的，企业的产品有没有竞争优势，从利润表的营业收入状况中可以看出端倪。

利润表的后面一般还有分部报告，按产品结构、地区结构报告企业的收入情况。企业要保持持续的盈利能力，要靠战略、靠管理、靠技术、靠市场、靠服务等，总之，靠综合竞争优势。

其二，看企业的业务依赖与风险。企业的发展依赖什么业务？这种依赖在未来有没有风险？企业实施的是多元化战略还是专业化战略？海尔就是一个实施多元化战略的企业，格力电器则专注于空调，在空调内部实现多样化。很难说哪个战略更好。但是如果企业对某一类产品或者对某一个类型的产品过度依赖，会使企业对某些外界的变化因素特别敏感，这就是经营风险（不是财务风险）。

（2）卖给谁（哪个地区）。

其一，考虑地区的经济发展后劲与企业业务发展前景的关系。有资料显示，中国有 1 000 多个资源枯竭型城市，这些城市必然会去寻找替代产业。但是，替代产业的寻找需要时间，替代产业的培育更需要时间。很多地区都会出现替代产业很难与原有产业形成恰当补偿的情况。这意味着，企业在选择产品市场时要考虑地区的经济总量、经济结构的调整对企业未来市场的影响。另外，特定地区对特定产品的品牌偏好、特定地区的人文环境特征等都会影响企业在特定地区的营销策略和发展前景。

其二，考虑地区的政治经济环境。特定地区政治经济环境的不确定因素比较多（如行政领导人的更迭、特定地区经济政策的调整等），会对企业原有的发展惯性产生较大的影响。

其三，考虑国际政治经济环境的变化。比如战争导致某些地区动荡，金融危机导致某些地区的发展停滞，以及低碳经济等对企业所在地区和行业产生影响等。

（3）靠什么。

其一，靠政府。这里指的是靠政府所营造的环境。政府应该在营造公平竞争的市场环境方面发挥作用，政府有时也会为企业拿到一些订单。但是，持续发展、有竞争力的企业主要靠市场。

其二，靠关联方。关联方的标准定义很复杂，简言之就是可以不依赖市场来“制造”业务的有关各方，如母子公司、兄弟公司，甚至是由人脉形成关联关系的各方。关联交易的最大特点就是可以反市场来制造业务。

因此，一般认为关联交易的操纵性比较强。关联交易比重过大总是给人以不好的印象。

但是，我们是不是一定要对关联交易“围追堵截”呢？不一定。比如说我们到一所大学的商学院去上课，这个学院所有的英语课、数学课、政治课、体育课等都是学校其他学院提供的，其他学院需要的商学类课程则由商学院提供。大家都认为这些是极其正常的现象。假设某一天这个商学院上市了，这所学校所有的其他学院都是商学院的关联方，互相上课就是关联交易。难道就不能互相上课了吗？因此，有相当多的经常性关联交易具有恰当性，但是要警惕企业依靠关联关系操纵、调节业绩。

其三，靠市场。一般来说，在相同的市场环境下，参与竞争的各方最终会实现优胜劣汰——靠市场获得的竞争优势一般会有持久的生命力。

2. 费用的质量

首先简述费用与资产之间有什么关系。简单地说，费用是为实现收入而发生的资源消耗。而为购买资产（比如购买设备）消耗的资源变成资产的成本后，在被消耗之前属于资产，在未来还可以利用。因此，资产和费用是同性的。

前面我们提到，费用是使利润减少的因素或项目。费用按功能可以分为成本和费用（这个费用是狭义的费用）。营业成本是产品的进价或者生产成本。销售费用、管理费用、财务费用等明显反映了是在哪些方面发生的费用和消耗。

要了解费用的质量，可考虑以下方面：

第一，费用的发生代表了一定的工作状态。以前我们强调“少花钱，多办事”，但这不是规律，规律是“花多少钱，办多少事”。

许多费用都是固定的，难以降低，比如与企业发展前景有关的费用、用于促销的广告费、研发费、人力资源开发费用，等等。虽然有些费用是可以通过决策来改变其规模的，但是不发生这些费用，又很难说企业是有前景的。所以在费用控制方面，不要片面强调节约，要强调效用，即观察费用发生后带来了什么效益。

第二，费用的发生与人的行为和心理的关系问题。这里我们讨论一下预算管理问题。编制预算的方法有很多，在管理会计、财务管理中都有涉及。

在预算编制过程中，我们应该明确预算编制的导向。单位的财务管理部门在编制预算尤其是经营预算（企业的预算除了经营预算外，还包括资本性支出预算以及相应的筹资预算等）时想到的是什么？普遍的情形是，财务部门首先是以企业确立的某个特定时期的财务目标尤其是利润目标为基础，去平衡各种预算因素。于是，预算过程就开始了：为了实现一定的盈利目标，就要确定目标销售收入或者营业收入，这就形成了销售预算；然后考虑生产预算；再考虑采购预算、人工预算、各项费用预算，等等。在平衡了各种预算因素以后，预算就编制完成了。

这样编制预算对不对？当然有一定的合理性。但是，这种预算编制方法的最大缺陷在于：关注短期过多，关注经营过多，关注战略较少。

如果关注企业的战略，就有另外的预算编制思路：根据企业确立的发展目标，确定企业在未来预算期应该达到的市场地位；根据目标市场地位与现有资源之间的差距，来动员或者增加相应的资源，为企业的发展目标奠定资源基础；根据企业的发展目标，对现有资源进行调整——有的需要增加，有的需要减少或者退出企业。由于调整涉及企业战略安排，因此会优先保证资源配置。

显然，这种战略导向的预算编制与经营目标导向的预算编制的最大差别在于，战略导向的预算更具有前瞻性。当然，在企业实际的预算编制过程中，不能完全割裂和对立上述两种预算编制方式。

在具体的预算编制过程中，普遍采用两种方法。

一种是刚性预算，也叫“铁预算”——预算一经确定，就要严格执行。这种预算方法的好处在于，其编制的着眼点一定是目标导向或者控制导向的。这种预算有其合理性，但是缺少动态的概念。因为预算必然不会十分准确，如果强行要求准确，就会造成由于预算博弈而带来的浪费。另外，如果预算控制过于严格，可能削弱员工的积极性和凝聚力，在控制成本的同时也就控制了增量的收入。结果是不会带来效益，只能造成浪费。

另一种是弹性预算。弹性预算是指在预算编制过程中以业务量的变化为基础对预算进行弹性调整的预算编制方法。弹性预算比刚性预算改良了很多。但是，很多预算关注的往往是业务弹性，而在实际工作中应更注重心理弹性。心理弹性是指要考虑预算控制作用对象的心理反应以及特定环境条件下的行为特征问题。

比如，在差旅费的管理上，很多单位采用的是严格的等级管理：达到什么级别，就住什么样的酒店。因此，我们经常看到一些会议的主办单位为了让参会者回去报销方便，而在会议通知上注明：有三种酒店可以选择，参会者可以根据自己单位的具体情况选择酒店。由于有的单位在差旅费的管理上过于严苛，使得参加会议的人在会议期间不是代表这个单位去展示形象、为这个单位争取利益，而是在同行面前不断地抱怨自己的单位！

因此，适当宽松的费用可以提高员工工作的积极性、创造性和忠诚度，对企业是有益的。否则，看得见的费用控制住了，看不见的损失可能会更大。

也就是说，企业的预算管理应该更多地在一个动态的系统中进行。如果在企业的预算管理中考虑心理因素，一定的增量支出所带来的效用会远远高于增量的消耗。只要企业在发展，预算管理的目标就不应该是控制费用发生的绝对额。

这里提及预算管理中的心理弹性问题，并不是要给读者一个答案，而是想说明在很多情况下，只要企业在发展，费用一般会逐渐增长，很难下降。费用管理，不是简单地控制一个绝对额的问题，而是要促进企业战略的实施。

二、利润的结构质量

下面我们来看看利润的结构质量。前面已经介绍了一些基本的利润概念，接下来具体分析。

1. 利润表自身结构所包含的信息

（1）毛利率的走势。毛利率的走势是我们首先应该关注的问题。毛利率在很大程度上反映了企业产品的竞争力，而产品的竞争力又是企业竞争力最重要的表现。这里主要强调两方面的内容：

第一，存货管理和利润操纵。

前面我们谈到一种现象，企业的利润有时无法带来现金流量。这时利润的增加往往伴随着另外两个重要项目的变动——应收账款和存货的增加。我们看下面的两组基本关系：

期初存货＋本期增加存货＝期末存货＋营业成本

毛利＝营业收入－营业成本

这两个关系特别重要。在报表上，存货只可能有两种情况：已经卖掉的存货变成企业利润表的营业成本，没有卖掉的部分则留在资产负债表的期末存货中。销售行为产生了营业收入，销售的代价就是存货成本。因此，从会计的角度看，被卖掉的存货转化为营业成本。

从前面的关系式可以看出，在“期初存货＋本期增加存货”已经确定的情况下，如果会计处理导致存货增加或积压，将致使营业成本下降。在营业收入已经确定的情况下，毛利、毛利率一定会上升，进而导致当期利润增加。另外，在制造业，积压的存货中摊销了许多折旧费等生产费用。所以，制造业存货实物的积压也会导致当期利润增加。更恶劣的是，为了操纵利润，有的企业仅仅在账面上“积压”了存货，实际上已经卖出存货，但是账上没有及时地结转成本（账上的存货金额已经没有了对应的实物），这也会导致当期利润增加。

总结一下：如果出现了实物积压，就要考虑应该改善的管理问题；但如果是数字“积压”，并没有对应的实物存货，则是会计造假和利润操纵问题。

需要注意的是：存货积压虽然会导致当期利润增加，但从根本上来说对企业未来不利。今天积压的存货，可能就是未来企业亏损的助推器。

我们再举一个例子，某电器集团某年的情况见表7-1：

表7-1　某电器集团某年部分财务数据示意　单位：亿元

存货		营业成本		核心利润		经营净现金	
年初	年末	上年	本年	上年	本年	上年	本年
29.5	42.5	55	78	4.4	5.2	（未编制）	1.9

我们在前面谈到过，在周转速度超过2次的情况下，比较理想

的状态是：经营净现金与核心利润的 1.2～1.5 倍相当。也就是说，在企业经营良性发展的时候，有利润更应该有现金净流量。如表 7－1 所示，企业经营净现金应该在 6.2 亿～7.8 亿元之间，而这里的经营净现金只有 1.9 亿元，大概有 4 亿～5 亿元的缺口，出现了有利润没有现金流量的情况。

那么利润在哪里呢？在有利润没钱的情况下，企业的利润一般会对应两个项目的增加：应收账款与应收票据（该公司应收账款与应收票据年末与年初相比没有显著增加，预收款项变化也不大），以及存货。该企业上一年存货共卖出 55 亿元，年底存货达 29.5 亿元。按照上年的销售水平，年底有这么多存货能让企业踏踏实实在未来卖半年！当年卖出 78 亿元，年底又有存货 42.5 亿元，继续让企业踏踏实实在未来卖半年！如果按照年底的存货来计算，该企业的存货年度周转速度不到 2 次！按照平均存货计算，存货年度周转速度刚刚超过 2 次。

为什么会是这样呢？由于企业的回款是正常的，因此很可能的情况是：利润在一定程度上来自存货的积压，甚至有可能企业当年年末的存货不是 42.5 亿元。企业利润与经营净现金的缺口基本上表明存货积压的程度。

该电器集团在第二年勉强维持盈利，第三年就巨亏 7 亿元。

第二，存货周转和毛利率间的关系。

比较好的现象是：产品毛利率较高，表明该产品有较强的市场竞争力，产品可能较畅销，从而存货周转率也更高。

要特别警惕的现象是：毛利率下降，存货周转率也下降——降价不能有效地促进存货的周转。出现这种情况，一定是产品卖不动了，这时要注意识别这种现象是阶段性的还是根本性的。如果是阶段性的，可能是政策原因、产品批次原因等，还可以再观望一下。如果是根本性的，产品可能已经被市场淘汰了。

（2）费用额和费用率。进行费用的数额分析，要注重从以下三个方面思考：

第一，集团管理问题。费用的发生必然与集团管理方式有关系。

第二，企业的组织结构和业务结构的变化。当企业在年度内出现重组、并购、分拆等重大变化而导致其组织结构和业务结构出现较大变化的时候，企业的费用额在年度间可能会出现显著变化。

第三，控制权变化的影响。有的时候，不用分析报表，只要对企业的控制者的风格、习惯和个人偏好有一些了解，就能对企业的运营有比较清晰的认识。从费用中我们经常会看到管理者的影子。大股东变化会导致企业费用结构的变化。有的时候，大股东不变，但是有其他人事变动，也会对企业的费用结构有一定的影响。

读者可能注意到了：2016 年，格力电器在公司的一项对外并购议案被临时股东大会否决以后，很快作出决定：给每位员工每月上调工资 1 000 元。这个决定一旦实施，公司 2016 年度的人力资源成本就会上升。而人力资源成本的上涨将影响营业成本、管理费用和销售费用等的上涨。

显然，这种上涨与董明珠董事长在并购案被否决后重新思考企业、企业股东、企业员工之间的利益关系有关。

费用率反映的是同样的费用所带来的不同的效用。在实行集团管理的条件下，由于企业集团战略管理、组织结构等问题的影响，母公司的相关比率（如销售费用率、管理费用率和财务费用率等）不能说明任何问题。这时合并报表的相关比率更能说明问题，至少能够说明集团的管理效率。

(3) 资产减值损失。先简要介绍资产减值损失这一概念。按照现在的会计准则，到会计期末，企业要对各项资产进行减值测试。除了货币资金外，其他资产都要进行减值测试，这是根据稳健原则和配比原则进行的一种会计估计。比如，企业期末有 5 亿元的债权，如果企业估计其中有 2 亿元可能收不回来，就会把这 2 亿元作为坏账准备，同时确认减值损失。

我们可以把减值损失分为两种：正常的减值损失和异常的减值损失。

一种是正常的减值损失，表明企业的管理质量出现了一些问题。

例如，有一家成立几十年的进出口公司，在该公司的财务报表上，长期存在“三高”：短期借款高、财务费用高、存货高。这就意味着，从逻辑关系来看，存货对应着贷款本金。因此，从管理上讲，企业应该在存货的存量上加强控制。存货存量控制住了，贷款规模就控制住了，效益也就提高了。在 2008 年金融危机以前，该公司财务结构持续存在“三高”，幸运的是每年都有不错的利润。

2008 年金融危机来临，在当年底，该公司的大量存货出现了价格大幅下跌的情况。按照会计准则的要求，企业就要提取巨额的存货跌价准备。这个处理看上去是很正常的，因为金融危机属于不可抗力。该企业董事长却说：表面上看是金融危机的不可抗力的影响，但是必须看到，我们的管理出了问题。如果企业只有几年的历史，出现这样的情况是正常的。但是，我们是有几十年历史的企业，对经济周期应该是有感觉的。如果我们的管理水平再提高一点，是完全可以降低损失的。

这个例子对我们的启示是，很多表面上正常的事情，其实背后隐藏着企业管理不到位或者管理水平低的问题。

另一种是异常的减值损失。减值准备属于会计估计，那么很可能出现估计过高或者估计过低的情况，但是估计得异常高或者异常低就可能是对利润的操纵或者调节。例如前面提及的某家电企业，在某年度末应收账款余额为 9 亿元，企业估计有 6 亿元收不回来，报表披露的应收账款净额就剩 3 亿元。这个处理导致企业的核心利润和流动资产都减少了 6 亿元。怎么会是这样呢？常识告诉我们，如果一个企业的销货债权有 2/3 收不回来，就意味着企业的整个销售系统都瘫痪了。这是难以想象的。这么极端的减值准备处理，就是为了当年多亏点，以便第二年一举实现扭亏为盈。这就是对利润的操纵。

（4）公允价值变动收益。什么是公允价值变动收益？举个例子来说，年初 10 元购入的股票，年底涨到 18 元了，一股涨 8 元，这 8 元就是利润，也就是公允价值变动收益。请注意，仅仅因为股票价格上涨就有了利润。也种利润是不是太虚了？此时根本就没有现金流量的跟进。所以我说，公允价值变动收益是最虚的利润。

（5）小项目的大贡献。

什么是小项目？

第一种是性质上的小项目，比如其他业务收入、资产减值损失、营业外收入、公允价值变动收益等，这些在性质上都是小项目，在正常情况下不应该成为利润的主体。但是，我们可能经常在上市公司的利润报表上看到小项目在“力挽狂澜”——小项目对企业盈利能力有支撑性的贡献。最典型的是营业外收入。

读者可能已经听说过：2016 年，一些上市公司通过变卖几套学区房实现盈利。这种变卖学区房的利润应该属于营业外收入。有兴趣的读者可以去看一下上市公司的年报，靠营业外收入实现盈利的企业不在少数。需要强调的是，当企业靠这些小项目维持利润时，一定意味着核心业务的盈利能力出现了问题，企业的持续盈利能力也会有问题。

第二种是资源占用少的小项目。这可能是企业新的利润增长点、新的竞争优势的增长点，极有可能显示了公司持续发展的一种新的潜力。

2. 利润结构与资产结构

利润是由资产产生的，因此利润结构与资产结构应该有一种对应关系。但是通常来讲，不同资产产生利润的能力是不一样的，所以在集团化管理条件下，当企业进行多种产品经营时，应注重优化投资结构和业务结构。

前面我们讲到，资产可以分为经营资产和投资资产。实际上，我们还可以对企业的资产做更细的划分，把资产分为经营资产、控制性投资和其他投资。其中，经营资产和控制性投资是我们分析的重点。

经营资产对利润的贡献理解起来很容易。那么，控制性投资的效应体现在什么地方呢？请记住，控制性投资是子公司的经营资产，控制性投资的效应就体现在子公司的核心利润里。如果子公司分红，投资方在报表上是怎么反映的？如果子公司不分红，投资方在自己的报表上反映子公司的效益吗？这个问题本来并不复杂，但是按照现在的准则，要把这个问题说清楚就比较复杂了。不管怎样，这个问题必须说清楚。

利润结构与资产结构、现金流量结构的基本关系可以概括为表 7-2。

表7-2　　利润、资产与现金流量的基本关系

<table>
<tr><th>资产</th><th>利润</th><th>现金流量</th></tr>
<tr><td>经营资产（识别：一般包括货币资金、商业债权、存货及固定资产和无形资产）</td><td>核心利润</td><td>经营活动现金净流量</td></tr>
<tr><td rowspan="2">控制性投资（识别：母公司长期股权投资与合并报表长期股权投资之差；母公司其他应收款与合并报表其他应收款之差；母公司预付款项与合并报表预付款项之差）</td><td>首先表现为子公司的核心利润，融入合并利润表的核心利润</td><td>首先表现为子公司的经营净现金，融入合并现金流量表的经营净现金</td></tr>
<tr><td>如果子公司分红，则表现为投资方的投资收益（专业术语即成本法确认的投资收益）</td><td>取得投资收益收到的现金</td></tr>
<tr><td>其他投资（识别：交易性金融资产；可供出售金融资产；持有至到期投资；合并报表长期股权投资——假设子公司不对外投资）</td><td>成本法确认的投资收益，权益法确认的投资收益，债权投资收益，转让投资收益，等等</td><td>比较复杂</td></tr>
</table>

注：为使分析脉络更清晰，忽略营业外收入、营业外支出、资产减值损失、所得税费用等非主流项目。

（1）经营资产与控制性投资对利润的贡献。不论是母公司的经营资产，还是子公司的经营资产，在三张报表上都有一个非常清晰的关系：经营资产——核心利润——经营净现金。一定要牢牢抓住这个脉络，通过这条脉络就能够看清经营资产的整体质量。

需要注意的是，在现行会计准则的制约下，如果子公司不分红，投资方的利润表上是不显示投资收益的。但是有些公司自己根本就不经营，主要从事投资管理工作。这类企业的资产主要有三项：货币资金、其他应收款、长期股权投资，固定资产等常规的经营资产很少。在这种情况下，企业利润表的营业收入很少或者是零，表中可能有管理费用、销售费用、财务费用等，但投资收益可能是

零——因为子公司没分红，结果导致公司净利润是惨不忍睹的负数。

所以，我们还要牢记另外一个脉络：母公司控制性投资资产——子公司的核心利润——子公司经营现金净流量。

子公司的核心利润是在合并报表中体现的，但是有时我们不一定能够看清楚，分析合并报表是非常艰难的事情。如果子公司分红，分得的利润才是母公司的投资收益。这就出现了上述问题：子公司不分红，母公司有费用没收入，利润就是负的。投资方没有净利润或者净利润是负数，并不是没有投资效果，而只是说明子公司没有分红。所以在集团管理中，如果想让母公司的报表好看一些，子公司应该有持续稳定的分红。

再强调一下：在以控制性投资为主的情况下，投资方的净利润不取决于子公司的效益，而是取决于子公司的分红。

（2）不同业务板块的盈利能力。从盈利能力入手考察企业的业务板块，既可以基于经营资产与投资资产的盈利能力，也可以基于企业的控制性投资、不同投资方对投资利润的贡献。

我们已经讨论了经营资产对企业的利润贡献，以及控制性投资的利润贡献在利润表上的表现形式。这里要强调的是，对于控制性投资不同业务板块盈利能力的分析，仅靠合并报表是难以完成的，因为合并报表是一种概括性强的报表，只能通过对特定企业报表的分析来完成。

3. 利润结构与现金流量结构

在一般情况下，我们可以认为：企业的利润必须带来相应的现金流量，否则利润就可能是虚的。那么，利润应该产生多少现金流量呢？投资收益对应的现金流入量比较复杂，这里我们主要讨论核心利润带来的经营净现金。

我们在前面已经谈过，在每年的存货周转速度超过2次的情况下（季节性差异、经营周期差异可以得到消除），良性发展企业的核心利润应该能产生相当于核心利润1.2～1.5倍的经营活动现金流量净额。

如果是房地产企业等经营周期比较长的企业，就应该按照项目周期来考察。在项目完成的时候，项目的核心利润一定要小于经营现金净流入量。注意，我们要关注利润，更要关注现金流量！

为什么核心利润要产生更多的经营现金净流入量呢？因为经营现金净流入量有很多用途，要分红、补偿折旧和无形资产摊销、支付利息，等等。如果有利润无现金，意味着企业的利润只是数字，而不是可以支配的资产！所以说经营现金净流入量是检验核心利润质量的试金石。

三、利润结果的质量

企业的利润在哪里？从结果来看，任何一项资产都可能是利润，利润就在资产里。利润散落在各项资产中。

举个例子。我曾经从事过一段时间的审计工作。有一次审计一家国有企业的账目时，发现有一笔账是这样记的：增加“待摊费用（属于资产）”，减少“管理费用”。我很诧异：难道前面的账记错了，多记了管理费用，现在更正错账给调整出来了？会计人员对这项业务的说明是：“根据某某会议精神，调增利润。”原来，当年这家企业的待摊费用就是利润，正是由于待摊费用的增加，才成全了管理费用的降低。管理费用降低了，核心利润自然就上去了。

因此，讨论利润质量就会涉及资产质量。关于资产质量的具体分析，我们稍后讨论。

第 8 章/*Chapter Eight*

看价值

下面所讲的价值与证券股价不太一样，是指企业非证券市场交易条件下股东权益的价值，而证券股价的直接表现就是股票价格。

企业股东权益的价值有不同的表现。我们从一家制药厂的股权价值的确定谈起。我国北方的一家制药厂，在出售股权前一年（这一年的财务数据用于企业股权价值的确定）主要的财务数据是：营业收入为 8 000 万元，净利润为 3 000 万元。公司净资产账面价值为 1.2 亿元，买方委托的资产评估师按照成本法评估的金额为 1.6 亿元，按照收益法评估的金额为 3 亿元。但是，最终确定的成交价（也就是市场交易价）为 3.6 亿元。同样的资产，有这么多不同的价值表现，而且差异巨大。我们应该如何看待这种现象呢？这就是我们下面要讨论的内容。

我们将企业股东权益的价值分为入资时的价值和入资后的价值。

一、股东入资的价值——入资的三重效应

我们通常特别关心企业的注册资本是多少，但是对注册资本的

内容或者股东入资的具体内容关注不够。实际上，入资的内容不同，对企业的发展所产生的效应也显著不同。

在我看来，股东对企业入资至少有三重效应。

1. 为盈利能力奠定基础

注册资本是用来支持企业经营的，因此，对用于注册资本的资产的基本要求是：入资的资产应该与公司的业务有关系，并对企业持续不断的盈利能力有贡献。这个要求本来不高，但是有很多公司做不到。

先看一个股东向企业注入经营资产的情况。下面的内容摘自2009年4月10日的《南方都市报》：

> 昨天，广东省高级人民法院作出终审裁定，科龙电器原董事长顾雏军构成虚报注册资本罪。法院审理查明，2001年5月，为收购科龙电器的法人股，顾雏军欲设立注册资本总额为12亿元的顺德格林柯尔企业发展有限公司（以下简称顺德格林柯尔）。同年11月，顺德格林柯尔凭借顺德市容桂镇政府的担保函，在未验资、未评估的情况下完成公司设立登记，取得营业执照。该公司股本中，顾雏军无形资产出资达9亿元，占注册资本总额的75%，远超了当时公司法规定的无形资产出资不超过注册资本20%的法定比例。2002年4月，工商部门不予该公司年检。为将无形资产降到法定比例，同年5月14日，顾雏军指使刘义忠、姜宝军、张细汉等人在顺德容桂农村信用社，将来自科龙电器的1.87亿元通过在顺德格林柯尔和格林柯尔制冷剂（中国）有限公司（以下简称天津格林柯尔）账户之间来回倒账的方式，取得以天津格林柯尔投资顺德格林柯尔共计6.6亿元的进账单，并于当天又将1.87亿元转回科龙电器。因对账

单上没有形成余额，广东公诚会计师事务所要求刘义忠提供6.6亿元在当天转回天津格林柯尔的依据。为伪造这一依据以骗取验资，在预付款为虚假的情况下，顾雏军签署了一份关于顺德格林柯尔向天津格林柯尔购买制冷剂预付货款6.6亿元的供货协议书，并将落款时间倒签为同年5月12日。刘义忠则填写了相应收据。据此，顺德格林柯尔顺利取得验资报告。同年12月23日，顺德市工商行政管理局核准了上述股权变更登记。

我们且不说入资中75%为无形资产是否违反了当时的公司法，也不管这些高达9亿元的无形资产为何物，仅讨论该公司的设立是为了什么——收购科龙电器的股份。这样一个以收购其他企业股权为主要“经营活动”的企业，应该具有什么样的资产结构？其资产的主体当然应该是货币资金！因为货币资金是可以进行任意支付的。如此高的无形资产如果能用于收购其他企业尤其是上市公司的股权，除非出售股权的一方恰好愿意要你的无形资产，但是这种“好事儿”好像很难出现。

格林柯尔公司后来出现的一系列问题，恐怕在该公司设立之时就已经埋下了伏笔。

再强调一下：如果股东的入资是现金，则被入资的货币资金可以立即用来做任何事情，这对企业的经营活动非常有用。如果入资是土地使用权，虽然它总能升值，但是如果土地使用权在注册资本中占比过高，仍然毫无意义。想一想极端的情况：如果入资都是无形资产，企业在哪里办公呢？企业怎么经营？又怎么产生利润呢？

我们再看看股东向企业注入其他公司股权的例子。

下面的资料摘自2016年3月18日斯太尔动力股份有限公司发布的《关于2015年度业绩承诺未实现的说明暨致歉公告》。

经中国证券监督管理委员会《关于核准湖北博盈投资股份有限公司非公开发行股票的批复》（证监许可〔2013〕1409号）文核准，斯太尔动力股份有限公司（以下简称公司）向山东英达钢结构有限公司（以下简称英达钢构）在内的6名特定对象非公开发行普通股票。

一、购买资产情况

本次非公开发行普通股314 465 300股新股，扣除与非公开发行相关费用后募集资金净额为14.32亿元，其中部分募集资金用于收购斯太尔动力（江苏）投资有限公司（原武汉梧桐硅谷天堂投资有限公司，以下简称江苏斯太尔或标的资产）100%的股权，2014年1月完成了相关工商变更登记手续。

二、业绩承诺及履行情况

2015年6月，经英达钢构申请，公司股东大会审议批准，公司与英达钢构重新签署了《利润补偿协议》，将业绩补偿承诺变更为：标的资产2014年度、2015年度、2016年度每年实现的经审计扣除非经常性损益后的净利润分别不低于2.3亿元、3.4亿元和6.1亿元，共计11.8亿元。若每期实际扣除非经常性损益后净利润数未达到上述净利润承诺数，英达钢构承诺将按承诺利润数与实际盈利之间的差额以现金的方式对公司进行补偿。

截至2015年8月14日，英达钢构陆续向公司支付了2014年度业绩补偿款，共计1.56亿元，履行了业绩补偿承诺。

三、标的资产实际盈利情况

根据中兴财光华会计师事务所（特殊普通合伙）出具的《斯太尔动力（江苏）投资有限公司2015年度审计报告》，2015年度，江苏斯太尔实现扣除非经常性损益后的净亏损额10 569 283.11元，与承诺利润数差额为350 569 283.11元。

四、标的资产未达盈利的原因

2015年度，公司高性能柴油机板块和碳酸锂板块尚属建设投入期，未达盈亏平衡点，导致江苏斯太尔亏损，触发了控股股东现金补偿义务，具体原因如下：

1. 柴油发动机板块

一方面，国家柴油机排放政策升级调整，致使公司原有增程柴油发动机、4缸柴油发动机和6缸柴油发动机产品平台面临技术升级需求。虽然公司努力调整研发计划，重新制定了三年产品规划，积极开发符合欧五排放标准的柴油发动机产品，并且在技术研发、市场拓展、客户搭载、能力建设等各方面已取得阶段性进展，但柴油发动机产品正式推向市场的周期较长，利润释放尚需要一定时间。

另一方面，因斯太尔产品技术含量较高，对各组装零部件加工精度及自动化批量组装生产线要求很高。公司在持续完善供应商管理体系的同时，努力推进生产线的建设进程，通过聘请专业的设计机构，结合斯太尔产品生产要求，不断对生产线进行升级改造、优化调整，建设工作存在一定延迟，目前的生产线尚无法满足大规模量产的品质要求。

2. 电池级碳酸锂板块

受多种因素影响，碳酸锂项目建设难度超过预期，主要包括天气恶劣、政府审批周期长、电汽解决困难等，项目推进方面存在一定延迟，2015年度尚未形成碳酸锂产品正式销售。截至目前，上述部分问题仍在解决中。

在具体分析这个案例之前，请读者先思考一下，斯太尔动力股份有限公司当年发行股票、购买资产的业务发生后，对财务报表的影响是什么？

显然，这项发行股票、购买资产的业务发生后，将导致斯太尔动力股份有限公司资产负债表股东权益部分的股本和资本公积增加，资产部分的长期股权投资（对斯太尔动力（江苏）投资有限公司投资）的增加。

在股东向企业注入其他企业股权的情况下，需要特别关注的几个方面是：

第一，这些股权所代表的企业的历史盈利状况和未来的盈利前景。企业股权的价值应该集中体现在未来的盈利贡献和增值前景上。但是，我们看到的往往是现有股份的历史业绩。虽然根据现在的或历史的业绩可以对企业股权未来的业绩作出一定估计，但是，未来终究不是由历史决定的，历史只是决定未来的因素之一。因此，对企业未来的盈利前景的分析，应该在一个更大的系统中进行。

第二，这些股权在交易过程中的评估方法和评估增值幅度。与经营资产的入资不同，在用其他企业股权来入资前，要对相应的股权进行评估。既然是评估，就一定会偏离原有的账面价值。我们看到的情况往往是，用于入资的股权投资在评估的过程中普遍会实现增值。考虑到盈利能力较强的企业有大量正常形成的账外资源，因此，适当的评估增值是合理的，也是必要的。

但是，如果用于入资的股权投资在评估过程中增值过高，即使这些股权所代表的企业未来能够盈利，在报酬率方面也会出现较大的下滑。此时，从净资产报酬率的角度来分析，这些股权投资就可能是不良资产。

例如，某企业的年度平均净资产（股东权益）为 1 亿元，年内实现净利润 1 亿元，则净资产收益（报酬）率为 100%。如果经过评估，年末净资产（股东权益）增值幅度很大，导致评估后平均净资产为 2 亿元，但是企业的盈利能力没有变化，还是 1 亿元，那么此时的净资产收益率就直接降为 50%。盈利能力之所以显著下降，是因为评估使股东权益的价值提高了。

第三，入资的资产折合的股份数额。入资的资产折合的股份数额将直接影响其他股东在企业的相对持股比例。在新的股权加入企业的情况下，总股份数会增加，原来的其他股东会相应降低持股比例，减小在企业的话语权。

对于本案例，我们暂且不用考虑当年斯太尔动力（江苏）投资有限公司净资产的估值方法、评估依据以及估值所导致的评估增值等信息。上市公司之所以决定要购入斯太尔动力（江苏）投资有限公司，一定是在当时的条件下有各种信息表明斯太尔动力（江苏）投资有限公司在未来有较好的、持续的盈利能力（不仅仅是盈利规模，还包括报酬率）。

但是，这个致歉公告说明当年的各被并购企业具有持续盈利能力的假设并没有变成现实。原股东所进行的补偿仅仅是按照承诺协议把利润补齐。但原股东曾经以预计的利润为基础所得到的估值以及由此获得的股权增值就是另外一个概念了。

请读者持续关注斯太尔动力股份有限公司 2016 年 3 月 18 日以后关于斯太尔动力（江苏）投资有限公司盈利能力的公告。

再看另外一个虽然时间有些久，但仍很有代表性的股东向企业注入其他公司股权的案例。

海信科龙在 2009 年以前一直处于资产的盈利能力不强、负债率过高的状况。这种财务状况使得企业在持续发展方面具有较大的财务压力。为此，其控股股东青岛海信空调有限公司（以下简称海信空调）试图将自己的白色家电注入海信科龙。在经过几次调整以后，海信科龙于2009年7月16日发布了海信科龙收购报告书，相关内容为：

2009年6月29日，海信科龙与海信空调签署了附条件生效的《海信科龙电器股份有限公司以新增股份（A股）购买青岛海信空调有限公司白电资产之协议》，该协议主要内容如下：

（一）标的资产

标的资产为海信空调合法拥有的空调权益、冰箱权益、模具权益及白电营销资产。空调权益：海信山东100%的股权、海信浙江51%的股权、海信日立49%的股权；冰箱权益：海信北京55%的股权（海信北京持有海信南京60%的股权）；模具权益：海信模具78.7%的股权；营销资产：海信营销的白电营销资产（包括负债）。

（二）定价原则、交易价格

本次交易的定价原则由双方根据市场化原则，考虑多种因素后协商确定，这些因素包括但不限于标的资产的财务和业务状况及发展前景、市场同类公司的交易情况、具有证券从业资格的评估机构评估的价值、A股及H股股东的利益。

双方同意，本次非公开发行股份（A股）购买资产的交易价格为123 820.48万元。

（三）本次拟发行股份购买资产的评估价值

根据中联评估出具的中联评报字〔2009〕第240号～第245号《资产评估报告书》，本次对标的资产的评估采用重置成本法和收益法两种方法进行，其中：以成本法评估的标的资产价值为

123 820.48万元，以收益法评估的标的资产价值为 125 600.47 万元。

本次评估选取成本法的评估结果作为标的资产的评估结论。经成本法评估，海信科龙本次拟购买标的资产的合计账面净资产值为 82 251.38 万元，净资产评估价值为 123 820.48 万元，增值额为 41 569.09 万元，增值率为 50.54%。本次评估增值主要是标的资产的土地、房产和机器设备、专利技术等增值所致。

（四）对价支付

海信科龙购买标的资产，支付的对价为海信科龙向海信空调非公开发行不超过 362 048 187 股 A 股股份，每股面值为人民币 1 元，发行价为海信科龙第六届董事会 2009 年第九次会议决议公告日前 20 个交易日的交易均价，即人民币 3.42 元/股。本次发行前如有派息、送股、资本公积金转增股本等除权除息事项，则对本价格作相应除权、除息的处理，发行股数也将根据发行价格的情况进行相应处理。

本次发行股数按照如下方式确定：海信科龙向海信空调非公开发行的股数＝标的资产的交易价格/本次发行的股票价格。

海信科龙本次非公开发行的具体 A 股股数以中国证监会的审核为准，但不超过 362 048 187 股 A 股股份。

其他信息：截至 2009 年 4 月 30 日（交易基准日），标的资产（企业）的利润总额呈波动状态，但均为大于零的正值。其中，最高的是 2007 年，为 2.16 亿元，最低的是 2008 年，为 0.44 亿元。2009 年 1—4 月，实现利润总额 0.85 亿元。

此次入资对海信科龙的实质性贡献在当年就得到了验证。海信科龙 2010 年度的财务报表显示，本期新纳入合并范围的子公司（就是海信科龙作为入资者投资的几家公司）的效益见表 8－1。

表8-1　　海信科龙纳入合并范围的子公司的效益

名称	年末净资产	本年净利润
1. 海信北京	158 042 816.01	14 982 692.97
2. 海信南京	164 954 081.64	7 034 374.55
3. 海信山东	494 682 182.14	(77 849 398.56)
4. 海信浙江	100 873 130.42	(8 417 102.50)
5. 海信模具	177 353 176.33	35 228 713.14

数据很清晰：被并购进来的几家公司合在一起，呈现出整体亏损的状态。在被并购进来第一年就“敢于亏损”，可见其内在的盈利质量。并购当年都没有表现出盈利能力，那么未来呢?

对一些注定没有持续盈利能力的企业，上市公司毅然进行并购。这似乎是中国资本市场中持续不变的风景。

所以，作为注册资本入资的资产一定要有一个合理的结构，并为企业实现一定的盈利规模与盈利率奠定基础。否则，表面上优质的作为资本注入企业的资产，会由于盈利能力不强而迅速沦为不良资产。

2. 对潜在债务提供保证

注册资本的第二个效应是要对潜在的债务提供保证。我们通常说的企业资不抵债，是指企业的累计亏损已经超过股东入资的整体规模，而使股东权益变为负数的状态。

因此，如果注册资本不实，如作为入资的资产结构严重失衡、难以整合并产生相应的利润，或者在非现金入资的过程中资产评估师对非现金资产的评估增值幅度过大，造成实际上的低价高报、以次充好，就较难给企业未来的债权人提供保证。因此，如果企业的入资内容中有非现金资产，就应特别关注估价过程中评估师的角色，关注这些非现金资产的评估增值幅度。

在前面关于格林柯尔的例子中，实际入资为 12 亿元，有效资产是货币资金，为 3 亿元。这意味着，企业对未来由于收购其他企业股权所产生的债务的有效保障不是注册资本 12 亿元，而是有效资产 3 亿元。

3. 股东间的利益关系协调

股东入资还会引起股东之间利益关系的变化。很多企业的股东多于一人，如果每个股东向企业注入的都是货币资金，则按照注入的货币资金的规模比例就可以确定每位股东的股权份额。但是，在有的股东注入企业的资产是各种形式的非现金，有的股东注入企业的资产是现金的情况下，非现金资产的估价高与低以及折算成股份份额的方法会直接影响股东间的利益关系。

在前面介绍的海信空调向海信科龙注入白色家电资产的案例中，如果读者查看一下该公司 2007 年以来的公告就会看到，这次注资过程已经历几年的时间。在这几年中，被注入资产的估价不断发生变化：从 2008 年上半年四家公司的评估价值约为 25 亿元遭到证监会的否决，到几个月以后相同资产的拟评估价值直接下降 9 亿元仍然不能获得批准，再到最后注入更多的资产，以更低的评估价值约 12.3 亿元完成注资。当然，伴随着企业盈利状况和市场竞争态势的不断变化，企业价值不断变化是正常的。但是，估价规模和折合成股份的规模将最终决定海信空调对海信科龙的新增加的持股规模。而这又对现有其他股东的相对持股地位产生影响。

通俗地说，注入非现金资产的股东的股份在很大程度上取决于评估师的评估。而评估既有主观性，又有动态性。非现金入资资产的评估价值越高、折合的股份越多，注入现金资产的股东的股权比例就会越低。因此，资本不实不仅仅关系到企业的经营和业绩，还对企业未来发展产生严重影响。所以从一开始就要设计好股权结构和入资内容。

二、股东权益的价值确定——评估方法

在公司投入经营并产生盈利或者亏损之后，股东的账面利益就是股东权益。股东权益也叫净资产。因此，企业发展一段时间以后，其价值确定就涉及股东权益的整体价值（企业股权的整体价值）和部分价值（企业部分股权的价值）的确定问题。

企业由于发展的需要，可能想引入新的股东，或者想卖出部分或全部股份，或者想通过投资获得其他现有企业的股份，等等。那么，现有企业的股权价值怎么确定？从现在的实践来看，如果企业的股份没有上市，则只能进行评估。

关于股东权益或者净资产的传统估价方法，最常见的有两种：重置成本法（成本法）和收益现值法（收益法）。

成本法的基本原理是：净资产评估价＝资产评估价－负债评估价。因为“资产－负债＝净资产”，所以成本法是符合资产负债表的概念的。但是，这种方法的问题也很明显：认为企业净资产的价值是可以辨识的资产价值减去负债的价值，完全忽略了大量的表外资源。盈利能力越强、历史越悠久、表外资源越丰富的企业，净资产被低估的可能性越大。成本法虽然不那么科学，但可操作性强，所以应用得很广泛。

收益法是考虑了账外价值的评估方法。其基本原理是：不关心企业现在怎么样、历史怎么样，只关心未来能够创造的价值。把未来企业股东权益能够提供的价值折合成现在（折现）的价值，作为企业股权的价值。就像我们在前面提到的，企业账面 1.2 亿元，经

评估得到两个结果——成本法评估为 1.6 亿元，收益法评估为 3 亿元。

那么企业未来创造的价值是什么？显然，企业未来创造价值的财务表现是每年的净利润（在数据处理上使用的是现金流量），还有企业最终卖出股份时能收回的部分——实际上是未来可回收资源的折现价值。

这种方法既考虑了表内资源，也考虑了表外资源；既考虑了历史，也考虑了未来；同时也符合对资产的定义：资产是能够带来未来经济利益的资源，资产的价值在于未来可利用性。对于有较强盈利能力的企业，权益法能更好地反映其价值。但是，权益法的可操作性较差。

在一些盈利能力较强的股权价值评估过程中，收益法评估出来的价值远远大于成本法评估出来的价值。为什么同一个企业股权价值的评估会由于评估方法的不同而出现显著差异呢？

一位业内人士对我说：既然是对同一个企业的股权价值的评估，用不同评估方法得到的评估结果不应有差别或差别不应太大。如果评估价值差别过大，那么一定是这个评估师的评估有问题——在评估方法的选用、假设参数的设定等方面可能有问题。

但我不是这样认为的。我觉得这两种方法本来就不适用于同一个企业。

我们考察一下两种方法的根本差别：成本法考虑了企业资源的历史沉积，忽略了大量的表外资源；收益法考虑了表内和表外的资源整合，考虑了企业的未来发展。因此，方法本身的特点就决定了方法的适用范围：成本法既然忽略了大量的表外资源，就只能适用于表外资源较少或者表外资源虽然丰富但不能为企业的盈利作出贡献的企业；收益法既然考虑了表内和表外的资源整合，考虑了企业的未来发展，就适用于盈利能力较强、发展状况较好的企业。

下面从企业的生命周期的角度看看这两种方法的应用。我们可以把企业的生命周期分为初始期、稳定发展期和没落期。显然，在初始期和没落期，企业要么没什么账外资源，要么虽然有账外资源，但不能为企业的利润增长作出贡献。因此，这两类企业适用成本法。处于稳定发展期的企业则适用收益法。

要特别注意的是，由于未来是无法预见的，因此收益法评估本质上是对未来的一种以估计为基础的评估。因此，其评估质量既取决于评估师的专业判断，更取决于评估师的良知。

当然，随着企业新的业态、新的商业模式的不断涌现，原有的基于历史业绩的方法在一些新兴的行业和企业的运用上遇到了很多问题。最大的问题是传统方法是基于历史业绩以及有形资产并结合企业未来的发展来进行评估的。新的业态、新的商业模式往往形成利用现有会计准则难以进行确认、计量、记录和报告的账外、表外资产。因此，请有兴趣的读者留心关注这些新变化。

三、股东权益的价值确定——制度规定

下面需要考虑的问题是：制度是怎么规定的呢？实践中应该怎样做呢？

下面先讲一个案例。

> 几年前，我在一个国有控股的上市公司担任独立董事。有一次董事会讨论将集团（国有企业，该上市公司的控股股东）的一个全资子公司（即上市公司的兄弟公司）予以并购的议案。该兄弟公司是一个贸易公司，将100%的股权卖给上市公司。

这个公司的基本财务状况为：净资产650万元，评估价为4 500万元，评估增值近6倍。从如此大的估价增值幅度来看，采用的应该是收益法。

我觉得评估增值有点高，就询问董事会秘书，证监会是怎么规定的。他告诉我：证监会的规定是，符合特定条件的并购，评估时一般应该考虑用成本法，但如果成本法明显低估企业的价值，可以考虑用收益法，但是董事会必须对过高的评估价值承担责任。这样就会面临两难的问题：如果估价过高并以估价为基础确定并购价格，就会侵害中小股东的利益；如果估价过低并以估价为基础确定并购价格，就会造成国有资产流失。应该怎么办呢？

我当时任该公司董事会下设的审计委员会的主任委员，于是建议：召开董事会审计委员会与评估机构的座谈会，讨论一下评估方法的恰当性问题。董事会非常配合。在审计委员会与评估机构的座谈会上，我强调了几点：第一，希望按照证监会的规定进行评估，建议采用成本法；第二，评估价并不等于交易价，如果企业预计未来的盈利能力很好，可以考虑在评估价的基础上适当提高。评估机构坚持认为他们的评估是非常恰当的。但最后董事长采纳了审计委员会的建议，最终评估方法确立为成本法。

一年多以后，该公司的另外一位独立董事在一次董事会会议上询问董事会秘书：去年我们要求改变评估方法的并购案，一年多的发展证明我们的反对是对还是错？

董事会秘书的回答出乎意料，他说：不存在你问的问题了。这个公司被并购之后进行了大量的业务整合，与以前的公司已经完全没有可比性了。

这个案例给我的启发是：我们站在当时的立场，坚持要求按照规定进行评估是对的。但是，企业发展的实际又告诉我们，在企业未来的发展过程中，不可能完全按照过去的惯性去发展。因此，很难用静态的思维去对企业动态的发展进行年度间的比较。

就制度规定层面来说，制度的规定是为了制约收益法的滥用，但我们看到的实际情况却是，许多企业在被并购时都有相当高的增值。因此，要有效制约评估方法的滥用，还要不断完善制度。

四、股东权益的价值确定——立场与交易价值的底线

很多靠产品经营或者劳务经营起家的企业家，对于如何给自己的产品定价十分在行，但是在对企业的股权价值进行确定时，就不那么在行了。企业家站在卖方的立场上，往往用销售产品的思维方式去考虑出售企业的股权，这是很容易吃亏的。

根据我有限的经验，我觉得在股权交易的过程中，卖方应该更多地站在买方的立场去思考问题。

先看一个案例。

几年前的一天，一个朋友找到我，向我咨询一件事情。他说他三年前来北京，办了一家企业，注册资本是1 000万元。这三年运气不错，每年的净利润是1 000万元，三年间也没分红，利润全部在所有者权益（股东权益）的“未分配利润”里。账面上的所有者权益已经有4 000万元。企业所有者权益的评估价是4 500万元。他打算卖掉企业51%的股权，问我应该卖多少钱。

盈利能力如此不错的一个企业的评估增值仅为 500 万元，采用的是什么方法呢？显然是成本法，而且一定是买方找人评估的。

我提出的基本思路是：首先，要把公司所有者权益的整体价值确定下来；其次，按照比例确定 51%的股权价值；再次，因为涉及控制权转移，所以应该考虑一定幅度的控制权转移的增值问题；最后，要解决的关键问题是买方是谁，买方的持有目的是什么。需要注意的是，买方是谁以及买方的持有目的对于最终的交易价格至关重要。

下面先讨论关于买方是谁的重要性问题。

我们应该主要关注买方的股权流通状况。通俗地说，如果买方是上市公司，被收购公司的股权就间接地与证券市场有了联系，就可以借鉴证券市场市盈率的定价来考虑交易价格。这取决于当时证券市场的市盈率，以及市场是牛市还是熊市。市盈率是股权价值与净利润的比率，在证券市场上是以每股股价除以每股收益计算的。如果买方是非上市公司，股权交易的市场不大，一般只能以评估价为基础并考虑企业未来的盈利状况来进行交易。

准备收购我朋友的公司的是香港一家上市公司。当时在香港证券市场上该上市公司所在行业的市盈率为 8～12 倍。按照最低的市盈率 8 倍计算，鉴于被收购公司每年的净利润为 1 000 万元，所有者权益整体的价值应该是 8 000 万元，如果控股按 51%计算就是4 000多万元，如果再考虑控制权溢价，则可能更高。

我这个朋友一听，说：按照你的说法，我亏了。我看到评估价是 4 500 万元，已经超过了我的所有者权益的账面价值，挺高兴。报价的时候想先开价 3 000 万元，等着对方跟我还价。底价只要不低于 2 500 万元就行。

从他自己的预期来看，他是赚了。但是从他出售的公司股权带给对方的价值以及对方证券市场的基本放大效应来看，他亏了。

这是因为他站在自己（卖方）的立场看自己的股权出售，完全没有考虑他的股权对于买方的价值。另外，买方的有压低估价嫌疑的资产评估报告也误导了他。

接下来继续讨论买方的持有目的对交易价格的重要性。

如果买方的持有目的是短期持有，卖方就可以把交易价格往上抬。比如，证券市场里买股票的投资人，敢在很高的价位上买进股票，一定是预计他持有的股票未来会继续往高位走，自己可以赚取差价，即使他认为相关股票根本不值那么高的价格。

如果买方的持有目的是长期持有，则买方持有股权后的收益主要来自相关股权投资的回报（如果是控制性投资，这个回报就是未来每年的净利润）。买方会有一个基本的底线，那就是未来的回报与现在的投资间的关系，或者说是最基本的投资回报率。这就需要业内人士对企业进行判断与把握。因此，应以卖方股权未来的盈利能力为基础，再考虑买方的最低投资回报预期来确定企业股东权益的整体价值。

比如你的企业现在每年的净利润是1 000万元。假设未来估计的年度净利润至少是1 000万元，在整体出售企业时，如果买方的投资回报率最低为10%，则买方认可的企业最高价值是1亿元（1 000万元除以10%）；如果买方的投资回报率最低为20%，则买方认可的企业最高价值是5 000万元（1 000万元除以20%），等等。同样，如果把企业股权的51%卖给对方，这51%股权的盈利能力与买方出价之间也存在类似的关系。

还有一种情况：买方的持有目的是实现更大的战略布局，比如消除竞争、取得资源等。这就要考虑很多非货币因素。

当然，股权交易中的对价支付方式、有无对赌协议等均对交易定价有重要影响。

简言之，并购中的股权交易一定要追求双赢，而不是谋求一方利益最大化。一定要兼顾买卖双方的利益，平衡买卖双方的利益。

五、企业估价不能忽视的因素——小金库

小金库是指应该入账而没有入账的账外资源，在一些企业又被称为账外账。不管出于什么原因设立小金库，都会导致税款的流失——税款属于国有资产，因此，小金库属于导致国有资产流失的非法账外存在。

读者可能会问：还有不该入账的账外资源吗？当然有。比如“对外经济贸易大学”这八个字，它是对外经济贸易大学最重要的无形资产之一，但是没有入账。按照现在的会计实践，这八个字是不需要入账的，因此不属于小金库。

小金库的实质是一个单位的核心管理层为了局部利益而组织的违法账外存在。小金库的存在如果达到一定规模，就会严重影响存在小金库的单位的绩效评价。如果有小金库的企业发生并购，还会影响被并购企业的价值评价。因此，有必要掌握小金库的识别方法。识别小金库，要从它的基本特征入手：如果有小金库，一定会严重恶化表内业绩和表内资源。因此，可以从以下三个方面的迹象对小金库的规模进行判断：

第一，报表反映业务流转环节不完整。如果有小金库存在，业务流转的全过程就可能没有完全纳入会计系统核算，就会存在业务流转和信息流转出现脱节、中断的情况。这种脱节、中断表现为业

务和信息在空间上和时间上的脱节与中断。单纯的业务和信息的脱节是不可避免的。但是，如果在脱节的同时还伴随着中断——如彻底遗漏某些业务，就可能是故意遗漏，并因此形成小金库。

比如在制造企业，普遍存在边角料。一般来说，企业的边角料成本都计入主营业务成本。在账上，边角料没有成本。因此，边角料的销售净收入就是利润。一些单位没有将边角料卖掉后的收入计入自己的会计系统，而是形成了账外账，这就是小金库。此外，企业的副产品也容易产生小金库。所以，企业的管理层要清楚自己所管理的企业的业务流程。

第二，有异常高的资源消耗。资源消耗“高”是根据内控、经验判断出来的。企业的资源消耗高，一般有两种情况。

一种情况是投入与产出的实物量的对比在企业成本报表上的反映与企业的内控或者经验不相符，报表上反映出来的成本消耗明显高于内控或者经验。我曾经看过一家有色金属企业的成本报表。成本报表上显示，企业在各个月度原材料和产成品的比例关系大概保持在2.06～2.10∶1的水平。但我问一线工人原材料和产成品的关系时，他们都说是2∶1左右。我发现企业的内控目标是力争达到1.9～1.95∶1的水平。当然，2.06～2.10∶1与1.9～1.95∶1都可以说是2∶1，但报表的消耗显著高于内控消耗还是应该引起关注。为什么报表里的消耗更高呢？我判断很可能是产成品没有入账，而这些没入账的产成品就是小金库的重要组成部分。千万不要小看这10%左右的误差，它对公司的影响可能很大。因为这些没有入账的账外产成品是没有成本的，一经销售，就是利润。

另外一种情况是虚报冒领——某些资源的实际消耗远没有达到报表上反映出来的消耗水平。比如一些企业的各种耗材的消耗量远远超过企业的正常消耗量，这种反差就可能是企业虚报冒领、形成小金库的迹象。

第三，报表与现场出现显著反差。如前所述，当存在小金库时，报表内的资源和效益必然不如应有的水平高，也就是说，报表上的资产和利润比较低。那么，这些在表外的资源又用在哪些方面了呢？

一般来说，小金库达到一定规模时，会用于内部职工的福利和奖励。对于非上市公司而言，绝大多数企业的员工是没有机会看到报表的。企业员工感受企业效益的主要途径有：一是听领导在大会小会上的讲话；二是看企业业务的规模和市场竞争态势的变化；三是看自己在单位拿到的实惠（包括工资、奖金和其他福利等）的状况。

当一家企业的财务报表显示效益不怎么样，而职工认为企业效益不错，工资、福利等待遇都很好的时候，员工感觉良好的表情就是企业可能存在小金库的信号。

从以上三个方面，我们能判断出一个企业小金库的大概情况。

因此，在并购交易时必须注意小金库这一因素，尤其是一些基础工作比较薄弱的大企业，存在小金库的可能性更大。

第 9 章/*Chapter Nine*

看成本决定机制

在前面介绍“看效益”和“看质量”的内容时，我们并没有讨论成本水平高低的决定机制。下面讨论这个问题。

管理会计中会涉及一个重要的内容——标准成本制。在标准成本制下，会计人员要计算企业的实际成本和标准成本的差异并解释企业成本差异的主要原因，探寻成本节约的有效途径。

但是会计人员可能只是按照公式把数据计算出来。至于解释差异原因和节约成本的有效途径，会计人员很难知道，而且也不应该是会计人员的事情。

成本水平的高低，企业的决策层和管理层比会计清楚得多。决定企业成本的因素，首先是外部因素，比如宏观经济形势、市场竞争环境、国家特定时期的经济政策、特定地区行政领导人的更迭，等等，然后才是内部因素。

下面主要讨论内部因素。从企业内部管理的角度来看，有三个主要因素决定了企业的成本水平。

一、决策因素

决定企业成本基本框架的因素是决策因素。这里所说的决策是指董事会层面的事情。那么，董事会在决策的哪些方面会影响企业成本的基本框架呢?

1. 企业的技术装备水平

企业董事会的决策过程中，除了筹资决策和财务成果分配决策以外，主要研究和讨论的是企业的资源配置问题，即用什么样的代价去获得相应的固定资产和无形资产，在哪里办公，用什么样的交通工具，等等。这些方面决定以后，实际上就决定了企业未来的基本成本框架。

下面看一个案例。

2016年1月23日，招商局能源运输股份有限公司发布了《关于计提2015年度固定资产减值准备的公告》，其中关于固定资产减值准备的内容为：

本公司拟在2015年年末对2艘老龄油轮及7艘好望角型散货船舶计提资产减值损失约人民币8.25亿元。

（一）油轮资产减值情况

根据公司董事会前期批准的老旧船舶处置方案，公司现有2艘1998年建造的阿芙拉型油轮拟于2016年退出营运作拆船处置，并申请相应的拆旧造新财政补贴。鉴于目前拆船废钢价格较低且仍处下降趋势中，预计的拆船售价远低于2015年末船舶账面净值，因此上述2艘船舶存在明显减值迹象。

根据中国会计准则的要求，公司聘请中通诚资产评估有限公司对上述2艘油轮在2015年12月31日进行减值测试并出具了正式评估报告，预计可收回金额按照拆船废钢价格（125美元/轻吨）测算，计提减值准备3 268万美元，折合人民币20 537万元。

（二）散货船减值情况

2015年以来，受大宗商品需求疲弱、干散货船产能去化较慢等影响，干散货航运市场运费率持续下跌，反映国际干散货航运市场运费率水平的BDI指数（波罗的海干散货运价指数）屡创新低，连续跌破600/500/400点等历史低位，目前不足400点，仍在探底中；其中反映好望角船型现货市场运费率的BCI指数近期已经跌破200点，比金融危机前的历史高位跌去约99%。受此影响，5年左右船龄的二手好望角型散货船交易价格已经跌至2 300万～3 800万美元区间，新造船价格也已跌破4 000万美元。

同时，越来越多VLOC（超大型铁矿砂专用船舶）逐渐投入营运，也将对好望角型船舶市场继续带来冲击和深远影响，近年新设计建造的新型好望角型干散货船油耗、性能等也比传统船型有显著优势，现有好望角型船舶的资产价值已经显著下降，预计可见未来难以大幅回升。同时，随着造船工业的技术进步，新型节能环保型散货船舶即将批量投入使用，新设计的好望角型等散货船舶船型先进、技术指标和环保指标明显优于老一代船舶，且由于船价及油耗方面的较大优势，新型船经营成本较低，有着更强的市场竞争力，预计将持续对老旧船舶产生冲击。

公司7艘好望角型船舶为2007—2008年订造，时逢干散货航运市场高度景气期，船舶合同造价和交船成本较高，尽管2014年底进行了减值测试并按当时的市况进行评估后提取了减值准备，但由于2015年该船型市场的进一步恶化和资产价格的继续暴跌，目前市场价值相比账面值再次出现大幅下降；部分船舶较高租金的中长期和短期期租合同，也已在 2015 年或将在 2016 年到期；目前好望角型船舶期租市场租金水平业已今非昔比，且估计可见未来受需求和供给两端的双重挤压，该等船舶的市场运价和经营价值难以大幅回升，随着该等船舶的日益老化，无望重返历史高位。

根据中国会计准则的要求，公司聘请中通诚资产评估有限公司对公司上述 7 艘船舶的预计可回收金额进行测算，按照市场法和收益法估值孰高原则确定预计可回收金额。经评估，建议计提减值准备 9 855 万美元，折合人民币 61 930 万元。

综上，公司 2 艘老龄阿芙拉型油轮及 7 艘好望角型散货船已经出现了明显的减值迹象。公司在对相关船舶资产进行审慎评估后，拟在 2015 年度计提资产减值准备人民币 82 467 万元，并计入 2015 年度损益。

从上述公告的内容来看，1998 年建造的阿芙拉型油轮计提减值损失属于较为正常的情形。而投入运营时间不足十年的 7 艘好望角型散货船计提减值准备，主要有两个原因：一是租赁市场严重下滑，盈利前景黯淡；二是相关船舶建造价格较高，相比新的替代船舶没有竞争力。

表面上看，似乎是由于市场的“不可抗力”才导致了减值。但实际上，导致此次计提巨额减值损失的根本原因是在 2007 年前公司作出的以较高价格建造 7 艘好望角型散货船决策。而作出决策的恰恰是公司的董事会。

因此，在董事会决定了企业的基本资产（尤其是固定资产）的规模和结构以后，即使努力加强内部管理，也只能在董事会早已确定的成本框架内挖掘潜力。

2. 人力资源政策

企业的人力资源政策包括很多方面，这里指的是企业在人力资源薪酬设计以及激励机制方面的政策。

一谈到薪酬，我们往往容易想到企业应该尽量控制人工成本支出，以最大限度提高企业的财务效益。但是，人是有主观能动性的。控制住了人工成本未必就一定能够提高财务效益。经常出现的情形是：人工成本降低了，其他成本却提高了，甚至提高的其他成本比降低的人工成本还高，结果导致企业整体的成本提高。

我曾听说这样一件事。

> 国内某家电企业在一个时期曾经执行过这样的人力资源政策：为了降低企业一线员工的人工成本，董事会作出决定，任何一线生产工人在企业特定岗位的工作时间不得超过三年，到三年一定要进行轮岗，从而使得一线工人在自己的岗位上永远是新手。实施这一制度以后，一线员工的人工成本降下来了，但是产品的质量下降得更快，随后发生了大量的质量保证费用，结果企业的整体费用并没有节约。企业产品质量的下降还对企业的声誉产生了不良的影响。

3. 产品的质量标准与市场定位

一般来说，董事会不会讨论具体的产品质量标准和具体产品的市场定位。但是，从实现公司战略的手段来看，产品的质量标准与市场定位直接受制于企业的战略。因此，产品的质量标准与市场定位具有极强的战略属性。产品的质量标准决定了产品的选料、技术运用等各个方面的成本因素，也决定了产品基本的成本组合。

二、管理因素

这里的管理因素主要是指董事会之下的企业管理层的管理质量与成本的关系问题，也就是日常管理对企业成本的贡献问题。

1. 人力资源管理

在这里，我想强调人力资源培训对企业的成本管理在两个方面的贡献。

第一，对于新员工的入职教育。从心理学的角度来说，不论是哪一个层次的员工，在进入一个新企业以后，都有一个或长或短的适应新组织的适应期。在这个适应期内，绝大多数新员工对这个新组织是不认同的。他们往往把自己以前所在组织的优点与这个新组织的缺点进行比较，以挑剔的眼光看待这个新组织的管理制度和对员工的约束。如果这个过程过长，这些新员工在新组织的行为和工作状态会很难与组织对员工的要求一致，从而导致这个新组织的成本上升。

因此，对于新入职的员工多花一些时间和财力进行培训是完全必要的。除了对相关员工进行特定的岗位技能培训外，还要花精力对新员工进行“洗脑”——让新员工认同新组织的文化，尽快融入新组织。

如果方法得当，这个过程付出的支出表面上是增加了，但从长期和整体来看一定能够使组织的成本下降。

第二，对于干部的培训。在一个快速发展的组织里，很多人会由于工作需要而晋升到行政管理岗位。但是，对于新升职的干部的培训，很多组织做得很不够。我这里所指的干部，不是普通干部，而是有一定管理权力的企业各级领导者。仅仅注重干部的提拔，而忽略对干部的教育，企业的成本也会上升，而且其表现形式更加隐蔽，对组织的危害可能更大。

一个组织在人力资源管理方面的最大成本，绝不在于这个组织用于安排人力资源的现金支出，而是把不恰当的员工尤其是干部放在不恰当的位置上对这个组织的伤害。对于干部的教育，应该纳入企业的战略成本管理的内容。

对于干部的教育，应该特别注意以下几个方面：在自己的管理权限内，管理职权是什么？超越自己职权范围的后果是什么？

如果你是一个单位的正职，对于你的上级应如何展示自己的执行力？对于组织内的其他平行单位，你以什么样的姿态与他们打交道？对于组织外的同行，你如何代表所在的这个单位与同行开展业务合作？对于你的副职，你如何根据每个人的特点和工作需要去划分班子成员的工作范围？你又如何满足他们的合理利益需求和拒绝不合理的利益需求？对于你所领导的员工，你知道他们对你的预期吗？你能很好地领导这个单位吗？你准备投入精力去履行你的职责了吗？你的日常行为与你的身份相符吗？

如果你是一个管理团队中的副职，你与其他副职之间的权力范围（分工范围）是怎样的？如果你的管理越过你的分工范围，而“侵占”了其他副职的职权范围，后果将是什么？你知道你的直接领导对你的期望吗？你知道这个组织对你的期望吗？你的日常行为与你的身份相符吗？

2. 财务管理

企业的财务管理部门至少可以在以下几个方面对降低成本作出贡献：第一，加强对于货币资金的筹集、存量管理与调度，在集团化管理的条件下，整合整个集团的货币资源，采取集中与分散相结合的方式进行集团的贷款管理；第二，对日常财务收支进行预算控制；第三，进行税务规划，合法地、最大限度地为企业谋求税务利益。

3. 其他业务管理

其他业务管理包括采购管理、销售管理、生产过程的管理等。其中，设施的日常维护管理和班时管理对日常成本水平有重要影响。

我曾经担任过一家浓缩苹果汁厂的财务顾问。

浓缩苹果汁的原料是国光苹果。为了保证产品质量，必须对苹果进行人工处理：用手把烂苹果拣出去。在开始的时候，经理为每一组员工安排了较长的工作时间，结果发现有的好苹果被扔出去了。这就意味着有的烂苹果没有被拣出去。果然，企业的产品质量出了问题。

为了有效地监督工人的工作，工厂安装了摄像头。结果发现工人们虽然都在做扔苹果的动作，但是扔出去的苹果仍然有好苹果，烂苹果仍然有没挑出来的……后来经理改进工作，缩短了班时，工人间隔更短的时间换一次班。结果整体的工作强度没有增加，但是工作效率提高了。这就是通过改善管理降低了成本。

三、核算因素

决定企业成本的最后一个因素是成本的核算过程。实际上，生产成本核算过程的核心问题是费用分摊的标准选择问题。

在生产成本核算过程中，一般要在各个会计期间分摊成本，在各个产品之间分摊成本，在产成品和在产品之间分摊成本。这些分摊遇到的核心问题是恰当地选择费用分摊标准。怎么选择呢？实际上，很难找到一种绝对正确的成本分摊标准，而且在很多时候准确并不重要。除了选择标准外，还要考虑管理问题。

比如，在传统的小麦生产面粉的过程中，最终将出现两种产品：面粉和麦麸。在不添加任何添加剂的情况下，面粉产出率越高，单位面粉（如每吨或每千克）的市场价格越低；从消耗资源的角度来看，由于是对麦麸部分进行持续加工不断产出面粉，因此，相同重量麦麸的资源消耗要远远大于相同面粉的资源消耗。因此，从资源消耗的角度来看，应该对麦麸这个副产品分摊更多的资源。但是，如果这样核算，就会导致市场价值较低的麦麸极容易出现收不抵支的情况。因此，在会计核算上，往往对副产品采用不分摊费用的方法，全部消耗均被分摊到主要产品中去。

在很多情况下，费用分摊标准的选择遵循的是惯例。因此在确定成本和进行绩效评价时，必须注意由费用分摊导致的绩效差异，不能只看利润，更要看成本的核算过程。此外，还要注意规模效应和管理效果问题。

对于企业来说，成本是一个范围，而不是一个点。比如说一本书的生产成本：每次印刷的成本一定是不同的——即使其他条件完全相同，但印量如果不同，每本书对设备折旧费的分摊就不同。

成本是在一个限定条件下表现出来的一个范围，并不是唯一正确的值。因此，会计不主导费用，但会计核算对费用和绩效的表现有重要影响。

最近，我为一家白酒制造企业做了培训。该公司负责销售的副总裁问了我一个问题：企业对基本相同的原材料进行消耗和加工，最终生产出市场销售价格差异极大的系列白酒。最低的白酒的定价为每瓶30元，最高的市场售价达到每瓶1 000元以上。他问我：对于不同的市场定价、几乎相同的加工工艺流程所形成的系列产品，其生产成本有没有唯一正确的分摊方法？我说没有。分摊方法既要看行业惯例，也要看企业的管理目标：总不能让定价最低的白酒所分摊的生产成本高于每瓶30元吧？

这个问题的关键在于：企业的产品由不同的业务部门来经营。如果生产成本的分摊导致经营不同价位白酒的企业内部部门间的绩效评价出现严重的苦乐不均，则对企业的整体效益和部门间的和谐产生不利影响。

第 10 章/*Chapter Ten*

看财务状况质量

一、资产质量——从三个层面来考察

资产质量可以从以下三个层面来考察：

1. 整体质量

资产质量的第一个层面是资产的整体质量。资产的整体质量是指资产在整体上满足企业发展目标的质量。

企业的发展目标是什么？每个企业可能有不同的目标，但是在财务上的目标要求却是一致的：企业的资产在整体上必须有为企业股东权益的非入资性增值作出贡献的能力。

股东权益的增值可以有三个途径：一是股东入资，形成股本或者实收资本以及部分资本公积；二是利润积累，形成盈余公积和未分配利润；三是非利润性资产增值，在现在的合并利润表里称为“其他综合收益”。显然，资产质量的贡献主要体现在后两种增值上。

首先讨论利润性增值。企业怎样才能有利润呢？

利润一定是净资产的非入资性增值。一般来说，企业资产增值是否产生利润，关键在于是否通过对外交易而增值。比如，销售一个进价 10 元的商品获得营业收入 15 元，就产生 5 元的毛利——利润因对外交易增值而获得。

但是，按照现行的会计准则，没有对外交易也能有利润，比如“公允价值变动收益”就是由于交易性金融资产的期末价值高于历史成本而获得的账面“收益”。比如，你持有的短期交易性股票以 5 元一股买入，现在涨至 8 元一股，涨的这 3 元就是利润。但这 3 元能看不能用！如果股票下跌，利润就会减少。所以公允价值变动收益就是实实在在的泡沫利润！但按照现行的会计准则，这就是利润。

还有一种没有交易也能自动产生盈亏的情况就是企业持有的外币由于汇率变化而产生的盈亏。这种变化不通过交易就会自然形成盈亏。

上面这两种是特例。大多数情况下利润是因对外交易而产生的，没有交易就谈不上利润。

再看看非利润性增值。非利润性增值又称其他综合收益，指的是有些资产的价值发生变化了，但不属于利润，按照会计准则的要求进行账面调整而引起的增值。它一般不会在企业股东权益非入资性增值中占很大比重，也不是我们分析的重点。

以前我们非常重视利润性增值，不太重视非利润性增值。但是非利润性增值也很重要，因为从长期来看，利润性增值和非利润性增值都不可或缺。

对其他综合收益有兴趣的读者可以看看任何上市公司年度财务报告后面的财务报表及其附注。

总而言之，资产的整体质量应该表现为一定规模的资产能够为企业净利润和其他综合收益的较快增长作出企业股东所期望的贡献。

2. 结构质量

资产质量的第二个层面是结构质量。关于资产的结构质量，我们可以从两个方面来考察。

首先，考察企业经营资产的系统优化，其变化有利于促进企业盈利水平的提高。企业是以盈利为目的的经济组织，因此，对经营资产质量的考察，绝不在于资产规模的高低（当然必须有一定的规模），而在于各项经营资产之间是系统优化的，这种优化的衡量标准就是能够以较低的经营资产规模获得更多利润，并产生较为理想的现金净流入量。

在经营资产结构的系统优化方面，应该特别注意的是：（1）固定资产的规模、结构与存货规模、结构以及周转存货（即营业成本）的适应性（在企业不生产存货而提供劳务的条件下，则是固定资产的规模、结构与业务规模、结构的适应性）；（2）存货规模、周转速度与商业债权（包括应收票据和应收账款）的收款之间的动态关系；（3）企业经营资产的整体规模与核心利润规模之间的关系；（4）核心利润与经营活动产生的现金净流入量之间的关系。

其次，考察控制性投资资产的个体盈利能力以及不同业务板块盈利能力的优化问题。控制性投资资产就是被投资者的经营资产，因此，对于控制性投资质量的分析，在有条件的情况下应该以被投资对象的财务报表为基础进行经营资产的分析，否则只能以合并报表为基础进行综合分析。

至于业务板块的盈利能力的优化问题，根据企业不同业务板块的市场状况和盈利能力，企业就可以考虑所在业务板块的盈利前景对自己已有的投资结构进行调整，对未来的投资作出安排。

3. 个体质量

资产的整体质量好，必须以结构质量好为前提；结构质量好，又必须以个体质量好为前提。那么，怎么评价个体质量呢？简单地说就是四个字：满足需求——满足企业对特定资产的个性需求。

在讨论资产质量时，我们没有讨论资产的物理质量，而是更多地讨论特定资产满足企业特定需求的质量。对于特定企业而言，一项资产的质量高低不在于其自身的物理质量，而在于企业想用它做什么，以及特定资产对企业需求的满足程度。一项资产，即使物理质量再好，如果满足不了企业的特定需求，也是不良资产。

企业对资产的需求及其质量表现可以归纳为：

（1）变现质量，即转化为现金的质量。流动资产各个项目的首要质量就是变现质量，比如债权的可回收性、交易性金融资产的可出售性、存货的周转与变现能力等。

（2）被利用的质量，即长期性经营资产（如固定资产和无形资产等）满足企业生产经营要求的质量。这里我们主要关注长期经营资产的利用率和产生增量利润这两个方面。有些单位长期经营资产的物理质量极好，但是闲置率极高，这就难以产生利润，因而这些资产应该归于不良资产。

（3）与其他资产组合增值的质量。这是企业管理最大的魅力。实际上，流动资产和长期经营资产的组合质量就是组合增值的质量。

我们考察身边的企业就会发现，生产要素差不多的企业，由于品牌不同，管理者不同，特定环境不同，导致其盈利能力的差异很大，企业的市场价值不同。这反映的就是资源整合的质量问题。

因此，一项资产在没有明确其具体的用途之前很难绝对地说是优质资产或不良资产。

下面讲一下我在汶川地震期间的经历。

2008年5月10—13日，西南财经大学新一期EMBA的学生计划上4天财务管理的课程。我应邀在5月12日、13日两天讲授财务报表分析。

5月12日我在给学生们上课的课堂上亲身经历了地震。5月13日晚上我按照计划乘南航飞机返回北京。当天晚上在成都双流机场的经历恰恰能够说明资产组合增值质量的问题。

由于机场已经开始进行抗震救灾物资的运输，因而当天进出成都双流机场的民用客机的班次显得比较少，且晚点率比较高，直接导致旅客在机场的停留时间过长。这是大地震之后的一种正常状态。

当我在下午4点到达机场候机厅后，发现已经没有空位了，很多人坐在地上。我见状就找了一个餐厅坐下来，点了一杯茶水——48元一杯的茶水。一个多小时后，飞机还是没有到达。我想，为了充分利用等待的时间，就在餐厅用餐吧。

服务员说：先生，今天只有一种桶装方便面。

我问：多少钱一份？

答：48元。

当然，48元换来的不仅仅是一份温水泡着的桶装方便面，还有一小包涪陵榨菜。

这时，我要乘坐的飞机抵达机场，但是飞机停留了一个多小时，也没有登机的迹象。我决定再找一个地方去喝点水。

这次去的是一个某外国品牌的咖啡屋。

我进去问：有茶水吗？

答：有。68元一杯！

68 元换来的是一杯只有 2/3 的水和质量不明的普洱茶的混合物。

当我喝完后要求续杯时，服务员就再也不理会我了：他们太忙了。如果给我继续加水，他们只会有时间和成本的支出，不会有任何收益；如果用这个时间和资源去招呼一个新顾客，就可获得 68 元。

我绝对相信当天晚上的商户们不会有价格欺诈。但是，商户们紧抓商机、整合资源的意识和能力确实是资产与特定环境组合增值的经典案例。

对于一个特定企业来讲，已经入账的资产是能够区分优质资产和不良资产的。不良资产主要存在于呆滞的存货、难以回收的商业债权、其他应收款、包含潜亏因素的长期股权投资，以及闲置的固定资产等之中。

另外，关于企业资产质量的相对性，要注意两点：企业内部在不同时点的资产质量是相对的；企业之间相同资产的质量也是相对的。某项资产在企业内部今天是优质资产，明天就可能是不良资产。同样的资产对不同企业的价值肯定也是不同的。

二、分析的基础——几个重要原则

在进一步分析之前，先介绍几个重要的原则，它们对资产质量的分析特别重要。

1. 历史成本原则

历史成本解决的是特定资产以什么价值记入资产负债表的问题，因此，一般在谈历史成本时指的是资产的历史成本。资产的历史成本是指企业取得特定资产的累计资源消耗。比如，一本书的取得成本取决于企业取得时所消耗的资源。假设你取得的这本书是别人送的，你没有付出任何代价，则你取得书的成本为零；如果是批量购买，并按照七折的价格买来的，则成本就是书的定价乘以0.7；如果是自己开车去书店全价买来的，路上闯红灯被罚款200元，停车费花了10元，在不计算汽车消耗的汽油费和汽车的折旧费的情况下，你取得书的历史成本就是书的原价加上210元。

可见，同样的资产，由于取得方式不同、购买批量不同、运输条件不同以及用人不同等因素，历史成本表现出极大的差异。这既是历史成本的特点，也是历史成本的缺陷——不能面向未来，只能反映历史的资源消耗。

现在，企业资产的初始计量大多是以历史成本来确定的。

2. 公允价值原则

公允价值是指站在现在的立场，面向未来看资产的价值。

当我们以财务信息为基础面向未来作出决策之时，仅仅依据历史成本是不够的。那么怎么修正呢？这时就要考虑公允价值。

按照我国的会计准则，公允价值在对个别资产的后续计量中是可以采用的。比如，对于交易性金融资产，要按照资产负债表日的价值（即公允价值）对历史成本进行调整，并把历史成本与公允价值之间的差异作为“公允价值变动收益”记入利润表；对于可供出售金融资产，要按照资产负债表日的价值对历史成本进行调整，并把历史成本与公允价值之间的差异作为“其他综合收益”记入股东权益变动表（没有作利润处理，属于资本公积）。

当历史成本遭到严厉抨击，似乎马上就要被公允价值取代时，金融危机发生了。金融危机出现以后，全球都在反思：到底谁是金融危机的罪魁祸首？有人说是华尔街人的贪婪，有人说是公司治理问题，有人说是著名商学院的问题——他们对学生的职业道德教育出了问题，有人说是金融创新与金融监管脱节的问题，还有人说是会计出了问题——公允价值概念把资产泡沫化了，泡沫破了，金融危机就来了。不论这些分析是否正确，现在业内不再像以前那样热衷于公允价值的讨论了。

怎么看公允价值呢？我们要考虑在两种条件下，公允价值的效果可能是相反的：

（1）融资目的。在企业的融资过程中，当某项资产用于对企业的债务进行保证时，就要用公允价值。也就是说，在融资时，对债务提供保证的是公允价值而不是历史成本。比如，企业原来 2 000 元一平方米的房屋现在升值到 2 万元一平方米了，不管企业是否在账上进行会计处理，在融资保障的问题上，从现在的立场来看，这 2 万元就能对债务融资做保障。所以在以融资为目的时，资产的公允价值应该发挥作用。

至于公允价值的波动性，则是另外的问题。当将公允价值用于对债务融资做保证时，企业应该对公允价值的未来波动有合理的估计。

（2）绩效评价目的。在我看来，在进行绩效评价时，应该更多地考虑历史成本。理论上的先进性和实践上的适用性往往是脱节的。不论是在我们的观念上还是在会计的实践上，并没有因为公允价值的出现而要求企业按照公允价值去补偿资产的消耗。

如果用历史成本，很多决策就可以正确地作出。如果一味地强调公允价值的科学性和先进性，很多决策将难以作出。

举个例子。

如果你有一套闲置的房屋，不打算卖，而是一直出租。房子取得时的成本是8 000元/平方米，假设最初每月租金为1 500元，现在已涨到每月3 000元。在此期间，你的房价也在不断上涨，现在已达到32 000元/平方米。

按照历史成本去考虑问题，你认为这套房屋用于出租是合算的：租金一直在涨，且租金远远高于与房子相关的各种固定开支，如物业支出等。同时，房屋的市场价格也一直在涨，你心里十分高兴：房屋升值了。

但是，如果用公允价值来看这个决策，你可能就会感到郁闷：现在房价已经涨到32 000元/平方米，是原来价格的4倍，但租金只涨了1倍。如此看来，真是太不合算了。

应该怎样看待这个问题呢？房主的出租决策是一个常规的、正常的决策。决策的正确性在于：闲置资源的机会成本是零，不管它的历史成本或者现在的公允价值是多少。只要闲置资产所带来的收益大于与其相关的支出，就对资产的持有人有贡献。请注意，在不出售房屋的情况下，如果想获得现金收益，只能选择出租，但房屋的出租价格主要由租赁市场决定。

因此，在进行绩效评价时采用历史成本可能会有更好的效果。

3. 客观性原则

按照客观性原则，企业的会计信息要满足两点要求：第一，要可验证，即会计信息的处理是有依据的；第二，估计判断要恰当，即会计处理遇到估计的内容时，估计和判断要合法、合规、合理。这说明，企业的会计信息是在一定的弹性范围内可接受的信息，会计信息应该具有非主观故意歪曲性、非主观故意误导性。

4. 重大性原则

重大性原则主要表现为：对某些经济业务，因其金额或数量较小而不单独反映，对揭示企业的财务状况不会产生重大影响，因而在处理时采取与其他项目合并以突出其他重要项目的做法。

至于哪些项目可视为重要项目，则应视企业的实际情况而定。可见，重大性是一个主观性非常强的判断。

5. 稳健性原则

稳健性原则是指，企业在可选择的情况下，应选择低估收入和资产、高估费用和损失的方法，以促进企业的长期发展。允许企业采用稳健性原则的情形有：对各种质量下降的资产计提减值准备，对企业进行预计负债的账务处理，对部分固定资产可以采用加速折旧法等。需要注意的是，企业往往会有选择性地运用稳健性原则，尤其是在年度间利润波动幅度比较大的情况下。

三、货币资金质量分析

在货币资金的质量分析中，我们主要关注以下方面：

1. 结构分析

企业财务报表的附注中对三类货币资金都有披露：现金（库存现金）、银行存款、其他货币资金。

其他货币资金主要指限制了自由支付的货币资金。这部分资金的比重不宜过大——对自由支付的限制越小，货币资金的活力就越强。在融资过程中，我们要尤其注意被限定用途的货币资金金额。

此外，要注意银行存款的内部结构——币种、汇率的不同可能导致币值差异问题。外币会由于汇率的变动而自动地减值或增值。

2. 付款过程的控制

从货币资金管理来看，对付款的控制不仅仅指最后支付环节的控制，而是始于采购需求的过程控制。

（1）需求产生的控制。对付款过程的控制，首先是对需求产生的控制。

这里涉及局部与整体利益的一致性问题。我们应该考虑以下问题：需求的产生是为了局部利益还是为了整体利益？如果是为了局部利益而产生的需求，这种需求与企业的整体利益一致吗？

企业的支出通常有两种：一种是自上而下安排的支付，比如说董事会作出决议要上新的生产线等。这种支付一般应视为符合企业整体的利益，或者符合企业的控制性股东的利益。另一种是自下而上产生的支出，大到投资，小到日常开支。自下而上产生的支出，往往容易站在局部立场来考虑问题，对这种支付要求与企业整体的利益关系需要作出权衡。

谁去权衡局部与整体的这种利益关系？只能由一把手来完成。一把手不要指望其他人替自己作决策。

（2）采购过程的控制。关于采购过程的控制，我们要注意采购的合规性和效益性问题。也就是说，采购过程既要合规，又要有利于企业效益的产生，即在合法合规的基础上尽可能采购相同质量条件下成本较低的物资。

（3）入库实物数量和质量的确定。在入库实物数量和质量的确定方面，很多企业在管理上容易出现问题。

我们在管理上有一个思维惯性：特别关注花了多少钱买东西，不那么关注买了多少东西。

在大宗的原材料、设备的采购过程中，要搞清楚企业采购物资的实物数量和质量受到很多因素的制约：在途损耗问题，你难以确定多大比例的损耗是恰当的；计量误差问题，你难以确定计量器具的误差率；技术手段问题，有的物资的质量是需要技术手段检测的；

用人问题，用不同的人进行入库实物数量和质量的检测，效果会有显著差别。

对这个环节容易忽略的原因还在于，入库实物数量不足和质量欠佳不会引起现金流出量的增加。但实际上，这会引起单位采购物资成本的增加，并最终降低企业的效益。

下面讲一件我经历的事情。

> 2008 年，一个大型房地产企业的董事长在听完我的课后对我说：他所在的房地产开发企业从事精装高档公寓楼的开发。听了我的课，最大的启发是一定要把搞清楚采购物资实物数量和质量的内部控制系统建立起来。
>
> 他接着说：公司对拿到土地的支出控制和销售控制十分重视，对相关情况也很了解，但是对建造过程控制得不够好，要有大的改进。
>
> 2010 年 12 月，该公司的一位高管对我说：董事长在当年 10 月召集集团高管开会，要求按照他制定的较为理想的框架设计内部控制制度体系的流程。流程很快设计好了。有人建议用一个典型的采购业务对这个系统进行测试。测试后发现：一个最普通的业务完成这个流程最少需要一个半月。显然，以较为理想的内容框架设计出来的制度并不好用。到现在，这一制度仍在完善中。

我经历的这件事情说明了什么？好的理念不一定能产生好的流程，好的流程也不一定能产生好的实践。

但是，无论如何，在大宗的原材料、燃料、设施的采购中，财务部门、业务部门和企业的一把手一定要重视这个问题。千分之一、万分之一的误差，对于个人来说就是巨大的财富。将某些环节稍微改进一下，也许就会产生很多利润。

（4）具体支付环节。具体支付的控制也就是支付命令的下达，企业对此要加强控制。这是货币资金流出企业的最后一道关。

四、商业债权质量分析

商业债权包括预付款项、应收票据和应收账款。下面主要讨论后两者的质量分析。

关于商业债权质量，要注意以下方面：

第一，把应收票据与应收账款相加，先比较年末与年初的规模差异，再比较年末与年初的结构差异，横向分析规模与结构的变化，看回款的正常性。有的企业虽然应收款项年末比年初多，但是应收票据占比也显著提高，在应收款项结构优化的条件下，企业的赊销回款应该没有问题。

对于应收账款不断增长的情况要特别关注。在企业以虚增销售收入方式来“扩大”企业业务规模的情况下，营业收入的增长会带来应收账款的显著增长。

第二，要关注债务人的构成。首先要看欠账人的信用等级构成，但要注意信用等级的动态性；其次要看欠账人的部门和所有制构成（或者资本结构），看是什么股权结构的组织不愿意还钱；再次要看欠账人的稳定性与波动性，具有波动性的欠账人往往风险较大，要特别关注；最后要看欠账人的地区构成，不同地区的经济环境可能有显著差异。

第三，要关注债务的内部经手人构成。我们在关心“谁欠的”的同时，更要关心“谁干的”。这里涉及内部职工的业务素质和道德素质两个方面的问题。就业务素质而言，有的员工对风险的判断经常会出现偏差；就道德素质而言，有的员工经常把企业的优质资源变为不良资源，内外勾结，损害公司的利益。

关注“谁干的”，不仅在于提高债权资产的管理质量，还在于考察企业的人才特点，做到人尽其才。

五、其他应收款质量分析

其他应收款是企业由于非商品交易形成的债权，在企业资产中所占比重一般不会过大。但是，在实行集团化管理的条件下，向关联方输送资金往往是通过其他应收款的项目来进行的。因此，可以按照三种情况来分别分析其他应收款的质量。

第一种，正常部分的其他应收款。企业的经验数据是，其他应收款金额应该小于资产总额的 1%。其他应收款应该是与企业正常活动（但不是销售活动）相关的债权，比如员工出差预借的现金等。员工借款时，资产的形态是现金，但回来报销时，其他应收款的正常部分将转化为费用。我们不应该也不可能使用其他应收款去偿还负债。因此，正常部分的其他应收款属于企业的不良资产。

第二种，被子公司占用的部分，即母公司报表数与合并报表数之差。那么这部分资产一定是不良资产吗？不一定。该部分资产的质量取决于子公司的业绩，也就是取决于子公司的经营状况。子公司的经营状况好，现金能力强，则其他应收款就是优质的。比如房地产开发企业会设立很多项目公司，母公司给子公司提供的除注册资本以外的经营资金，一般都计入其他应收款。

第三种，被母公司、兄弟公司占用的其他应收款。这一定是不良资产。怎么判断这部分的资金规模呢？通常合并报表其他应收款项目中超过正常规模部分一般是被母公司、兄弟公司占用的资源的基本规模。在很多情况下，被母公司、兄弟公司占用的其他应收款的命运就是转化为其他资产，甚至不良资产。

六、存货质量分析

对存货质量进行具体分析，通常考察以下方面：

第一，关注存货规模和结构变化。这里有一个值得注意的问题：在财务管理和管理会计中会研究存货一年采购几次、每次采购多少、何时采购等，以实现企业存货规模的最优控制和采购。但在实际工作中，这是很难计算出来的，因为存货的采购和储存不仅涉及内部管理问题，还涉及市场问题。

第二，关注存货的周转率和毛利率变化。通常的情况是：对于特定企业的特定存货而言，存货毛利率提高，周转速度就会下降；毛利率下降，周转速度就会提高。存货如果周转不了，其质量肯定不高。在某些特定情况下，还会出现毛利率越高，周转速度越快的情况，如前几年的房地产市场。所以，要综合分析存货周转速度和毛利率的动态关系。

第三，关注减值准备计提的情况。存货减值准备在很大程度上反映的是存货管理质量问题，要注意分析。

上述分析中，除了毛利率和周转率的分析外，都局限于对存货本身进行分析。下面，我们将存货放在更宽的视野里，把三张报表联系起来进行分析：从资产负债表看资源，从利润表看效益，从现金流量表看效益的质量。基于这个思路，我们把对存货的分析拓展为下面三个维度：

（1）从资源、市场、效益和质量关系中的“三个脱节”看问题。

在前面的分析中，我们有这样一条线索：固定资产——存货——核心利润——经营净现金。从固定资产到经营净现金，应该是环环相扣的一个经营过程。因此，我们不能就存货看存货，应该看影响了存货的哪些方面，也应该看存货背后的经济结果。

如果观察企业这条线索上的各个项目之间的关系，我们就会发现容易出现的三个脱节现象：

一是固定资产的规模与结构和存货（业务）的规模与结构脱节。这反映了固定资产的利用状况。从企业正常运转的实际需求来看，固定资产的规模及结构安排应该主要取决于以下两个因素：企业发展的战略目标，市场的现实与潜在的需求。市场对企业产品的规模与结构的需求也决定了对企业产品制造手段的不同需求。也就是说，企业固定资产规模及结构的变化应该与产品生产的规模及结构相适应。考察固定资产的规模及结构的变化对企业经营活动的实际贡献，应该结合企业存货的规模及结构的变化、营业成本的规模及结构的变化。

二是业务规模与效益脱节。一种情况是存货卖不动。存货只有周转起来才有可能对企业的经济效益作出最终的贡献。存货不周转，如何带来效益？另外一种情况是存货有周转规模，但是没有效益，这说明产品没有市场竞争力。在企业存货周转处于良性状态时，存货既应该保持一定的周转速度，又应该在每一次周转过程中获得核心利润并产生经济活动现金净流量。

三是效益与现金流量脱节。这就是我们常说的有利润没有现金的情况。经营净现金是检验核心利润质量的试金石，因此一定要关注效益与现金流量的匹配情况。

上述几个方面的脱节，均从某些侧面说明了企业管理所存在的问题。

(2) 从上下游关系管理看企业的竞争力。这个问题已经在“看经营资产管理与竞争力”的部分进行了讨论，这里不再赘述。

(3) 从成本决定机制看成本节约的有效途径。这个问题已经在“看成本决定机制”的部分进行了讨论，这里不再赘述。

七、流动资产整体质量

通常，我们在分析流动资产整体质量时会关注下面两个内容：

$$流动比率=\frac{流动资产}{流动负债}$$

$$净流动资产(营运资本)=流动资产-流动负债$$

我们在前面“看经营资产管理与竞争力”一章讨论了营运资本管理的问题，其中就涉及一些流动资产质量的因素。下面补充一些关于流动资产整体质量的内容。

关于流动资产与流动负债，要看四个方面：采购付款、销售回款、短期融资，以及异常的其他应收款规模和异常的会计处理问题。这里要再次强调，对于大多数企业而言，流动资产和流动负债问题实质上是经营问题和短期融资问题。

只要企业经营活动带来的核心利润产生现金流量的能力足够强，对企业流动资产与流动负债的关系问题根本不用担心；只要企业的融资环境足够好和融资能力足够强，对企业流动资产与流动负债的关系问题也根本不用担心。

在这里讨论一下低流动资产对高流动负债的保证情况。能够在较长的时期内以较低的流动资产推动较高的流动负债，靠的是企业的综合竞争优势。较低流动资产保证较高流动负债的企业，一定具有较强的“两头吃”的能力（这是一种竞争优势）。注意，这里指的是持续的能力，不是一年或者临时的情况。较低流动资产推动较高流动负债的好处就在于企业资源的利用效率高——企业更多地占用了其他经济组织的资源。

此外，还要注意两个问题。第一，当企业的预收款比较高时，企业的流动负债被夸大了。第二，要注意一些异常的会计处理，比较常见的就是通过操纵坏账准备和存货跌价准备来调节利润。还要注意异常的“其他应付款”，可能的情形是从子公司那里拿钱。这两种情形容易导致流动负债过高，影响我们对短期偿付能力的判断。

八、无形资产质量分析

无形资产是指没有一定的实物形态，但是企业可以长期利用的资源。我们经常说固定资产与存货和业务有联系，但账面上的无形资产与业务的联系很难看清楚。这是由无形资产的特点决定的。

1. 无形资产的会计难点

企业的无形资产很多，但是在报表中看到的无形资产很少。这是因为虽然会计在核算中涉及的问题就是简单的增加、减少，但是在无形资产的核算上有困难。固定资产的增加、减少是非常容易看到的，但是无形资产的增加或减少容易看到吗？如果无形资产是外部购入的，增加是可以确定的；但是如果无形资产是内部产生的，其增加和减少就难以确定了，因为不确定性因素很多。

（1）自创无形资产成本难以确定。自创无形资产成本的高低更多地取决于人的素质差异，因此，自创无形资产的成本在很多情况下与所支出的费用难以确定明确的比例关系，也难以追溯具体原因。比如某项专利的获得，通常需要申请人准备很多材料，材料准备得不好可能影响专利申请结果。那么这项专利的获得是由于多年的努力还是几天的努力呢？很难说清楚。

（2）受益期难以确定，摊销难。无形资产发挥效用受到很多外部因素的影响。其一，取决于竞争对手的行动；其二，取决于法律的保护倾向；其三，与偶发因素有关。

以上问题使得企业在无形资产的处理上比较保守，即将复杂问题简单化、表内资源表外化——研究支出全部计入费用进入利润表，开发支出一般也计入费用，只有成功的开发支出才计入资产。这导致由于自创无形资产的支出而使企业当期业绩下滑。因此，很多企业的账面无形资产仅指从外部购入的部分，大量自创无形资产游离在表外。但是要注意，企业的研发支出反映了企业在许多方面的发展后劲问题，研发支出最后会形成新产品的竞争力。

可见，企业在并购时应该特别注意无形资产因素。

2. 账外无形资产价值的实现方式

第一，转让和出售。

第二，用无形资产对外投资。前面我们提到了入资的效益问题，即入资后对企业发展、对盈利是否有贡献，是否对潜在债务提供了保证，是否与其他股东建立共享利益、共担风险的关系。我们可以用无形资产入资，但是如果无形资产入资比例过高，经营活动将很难展开。

第三，以无形资产作为质押物或抵押物获得贷款。这里需要强调与无形资产贷款相关的无形资产的价值走势。第一种情况，有的无形资产可以不依赖于企业而独立存在，并单独地保值和增值，比如一些配方的价值随处可以实现。第二种情况，有的无形资产在贷款期内不会减值到一定程度或不会消失。第三种情况，有的无形资产完全依赖于有形资产，与有形资产密切相关。也就是说，如果想用无形资产去获得贷款，只有第一种情况下的可能性较大。在其他情况下，债权人的风险太大。

九、投资资产质量分析

从广义上讲，资源的配置都是投资。在财务报表里，投资是以增值为目的而持有的股权和债权。那么应收账款是投资吗？不是的，那是经营资产，因为它是以销售商品为目的，不是为了再增值。当然，有时应收票据中会有计息票据，但也不是投资资产。

1. 短期投资

短期投资的目的并没有太多的战略性，更多的是强调增值目的。短期投资主要涉及交易性金融资产等。

2. 长期投资

长期投资占用的资产，不但包括长期股权投资、持有至到期投资等直接占用的资源，还包括由投资而引发的相关资源的流出，比如在其他应收款、预付款项中，母公司报表比合并报表多出来的部分，之前我们通过分析这两个项目看到了投资的拉动效应。长期投资更多的是从战略布局和发展的角度去考虑问题。

3. 长期投资决策评价方法的特征

长期投资决策评价是管理会计和财务管理中比较重要的内容。长期投资决策评价方法有不同的特征：

第一，考虑货币时间价值。货币的时间价值表明相同币值在不同时点的价值是不同的。比如说去年的营业额是 1 亿元，今年仍是 1 亿元，那么今年和去年持平吗？如果不考虑货币的时间价值，这种观点肯定正确；但如果考虑货币的时间价值，这种观点肯定不正确，因为不同时点货币的价值是不同的。

现在的会计处理不会考虑剔除通货膨胀因素等，使用的是静态的反映与分析方法，比如历史成本法，不考虑时间差异导致的币值差异。所以说，会计往往是面向历史的，而财务是面向未来的。比如，长期投资要面向未来，考虑货币的时间价值。

第二，用现金流量作为"效益"。长期投资中，利润不是效益，经营净现金才是效益。这是由于从长期来看，所有投资资源的流出都是现金，因此要用现金流量作为投资回报。

第三，评价方法完全不同于一般的经营分析。对于长期投资决策，常用的三种方法是回收期法、净现值法和内部收益率法。凡是上董事会讨论的项目，都有回收期短（静态回收期通常小于项目寿命的一半）、净现值大于零、内部收益率高于期望报酬率等特点。但是未来的结果差异却很大。

那么，我们应该如何看待这些方法呢？这些方法在投资决策中的作用是什么呢？根据我的经验，这些方法基本上属于"道具"。

企业在项目论证中对"道具"往往估计过于乐观。乐观的估计主要表现在：

（1）投资现金流出量的估计过于保守。在很多项目的评估过程中，我们对于未来现金流出的估计会比实际支出少很多。这可能是由于项目执行时有不确定因素出现，更可能是由于上项目时估计得太过保守，很多因素都没有考虑到。

（2）对市场容量的估计过于乐观。对现金流出的估计过于保守，就是低估了投资支出和费用。过于乐观的收入估计主要表现在以下方面：其一，企业在做预测时，往往只考虑经济发展的惯性，而不考虑周期。尤其是在考虑宏观政策时，总是假设存在惯性。实际上，不断变化的政策对企业的影响非常大。其二，竞争与替代会影响特定资产、特定产品的市场能力，很多时候企业对竞争替代的估计不足。此外，对环保成本、产业政策、信贷政策以及环境成本（在特定地区经营活动的环境差异极大）等不利因素考虑得不充分。

投资具有较高风险和较大不确定性，因此，面对一份项目投资论证报告，要从以下几个角度考虑：其一，在投资评价中要结合自己的经验与常识对项目进行估计和判断。未来不是仅由历史决定的，而是由诸多因素决定的——历史只是决定未来的诸多因素之一。其二，应该进行多种不利因素的敏感性分析，充分考虑到各种可能的风险。其三，项目可行性报告的主要指标（如总投资规模、建设期等）应该考虑作为项目执行的考核依据。如果执行人对项目有信心，愿意以项目的可行性报告的主要指标作为考核依据，那么项目的风险就比较容易控制。其四，既然是面向未来的投资，就难免有失误，对此要有宽容的心态。

4. 对外投资质量分析

对投资质量进行分析主要关注以下方面：

（1）投资的构成与方向。要了解投资的构成，可查看报表的附注。

第一，看地域结构。比如，特变电工的子公司分布在天津、衡阳、沈阳、山东、新疆等地，比较分散，不同地理位置的投资环境、融资环境可能是完全不同的。

第二，看业务结构。考察企业的投资方向与企业核心竞争力之间的关系、与未来核心竞争力培养方向的关系。

第三，看持股结构。持股比例反映了企业对持股对象的控制力。从特变电工的持股比例来看，企业对子公司的持股比例较高。

第四，看年度内投资活动现金流出量以及吸纳少数股东入资的战略信息。

下面比较特变电工两年的报表中投资的变动情况（见表10－1）。

表10－1　特变电工2015年度部分现金流量数据——投资安排　单位：元

	本年		上年	
	合并	母公司	合并	母公司
投资支付的现金	1 302 468 282.00	2 175 740 781.16	699 147 217.00	1 627 902 680.00
……				
吸收投资收到的现金	2 311 959 939.98	70 200 400.00	4 006 577 966.36	4 006 577 966.36
其中：子公司吸收少数股东投资收到的现金	2 241 759 539.98			

数据显示，投资支付的现金，母公司上年是16.27亿元，本年是21.75亿元，本年对外扩张的力度明显强于上年。合并报表的投资规模显著小于母公司的规模，这说明，母公司的对外投资主要是控制性投资（母公司的投资支付的现金减去合并报表中投资支付的现金之差额就是控制性投资的规模）。

再看子公司（当然子公司不一定是一家，可能是多家）吸收少数股东投资收到的现金，上年是0，本年是22.41亿元。也就是说，本年子公司对少数股东的入资吸纳有较大进展。

（2）投资所消耗资源的含义。

第一，用现金资源对外投资。现金流量表中有一项是“投资支付的现金”。用现金资源投资的好处在于：投资方向是任意的，可以买任何企业、任何行业的股份，与原有的竞争优势可以没有必然联系，投资后可以立即见效。

第二，用非现金资源对外投资。现金流量表附注中，有一项是

“不涉及现金收支的重大投资和筹资活动”，这是把企业拥有的非现金资源进行整合进而产生效益的行为。比如，可以用管理投资，用设备投资，用存货投资，用无形资产投资，等等。用非现金资源投资意味着企业盘活现有资产的一种努力，也意味着这种投资的方向与企业的核心竞争力联系比较密切，但是见效可能比较慢。

（3）看效益——投资收益的产生渠道与获现能力。投资有很多种分类方式：可以将投资分为债权投资与股权投资，可以将长期股权投资分为控制性投资与非控制性投资，等等。在会计上，根据对被投资公司的影响，可以将长期股权投资分为四类：控制的投资，共同控制的投资，重大影响的投资，无控制、无共同控制、无重大影响的投资。对于这四类长期股权投资的会计核算也有所不同。

下面讨论长期股权投资的投资收益确认方法。长期股权投资的会计处理有两种核算方法：

第一种是成本法。成本法适用于控制性投资，以及无控制、无共同控制、无重大影响的投资。对投资成本和投资收益的核算方法如下：

长期股权投资＝初始成本

投资收益＝应收的已宣布的红利

因此，在成本法下，投资收益基本对应等额的货币资金的增加，不会带来投资收益的泡沫成分。

第二种是权益法。权益法适用于共同控制和重大影响的长期股权投资。对投资成本和投资收益的核算方法如下：

$$\text{长期股权投资}=\text{初始成本}+\text{持股后被持股企业新增股东权益非入资性净增加}\times\text{持股比例}$$

—收取的现金股利

投资收益＝持股后被持股企业新增净利润×持股比例

这就是说，在权益法下，只要被投资企业实现利润，投资方就有投资收益。因此，权益法的运用不可避免地会导致利润的泡沫化。通常来说，被投资企业的分红一定小于利润。因此，权益法确认投资收益导致的泡沫利润为：持股后被持股企业新增净利润×持股比例－收取的现金股利。

控制性投资的利润实现过程在报表上表现为：本公司的对外控制性投资将形成子公司的经营资产；子公司的经营资产产生子公司的核心利润，并在编制合并报表的过程中直接融入合并报表的核心利润。如果子公司不分配现金股利，投资方用成本法确认的投资收益就不会有数字；如果子公司分配现金股利，投资方就会按照自己应得的现金股利确认投资收益。

在企业对外控制性投资占资产总额比重较大、企业自身经营活动较少的情况下，有时会产生一种很尴尬的现象：从母公司的报表上看，不管子公司是否分红，有一些费用是一定会发生的，如管理费用。在母公司整合整个集团营销网络的情况下，母公司还会发生销售费用；在母公司为子公司融资的情况下，母公司也会发生财务费用。但是，母公司的营业收入可能不多。如果子公司在有利润的情况下不分配现金股利，或者分配的现金股利过低，母公司的净利润就可能为负数。但合并报表由于融入了子公司的利润，可能表现出较高的净利润。

长期股权投资收益的成本法和权益法是我们分析投资收益的主体内容。除了成本法和权益法确认的投资收益以外，还有企业债权投资收益和投资转让收益等。这些投资收益是常规的成本法和权益法确认的投资收益以外的零散投资收益。

因此，在分析长期投资取得的收益时，首先看利润表中“投资收益”一项，了解当年的投资收益是多少，可以和上年相比较。然后一定要看报表附注中投资收益的构成。

一般来说，在报表附注对投资收益的详细披露中，首先是“权益法确认的投资收益”，它永远会导致泡沫利润；然后是“成本法确认的投资收益”，它应该对应现金的等额增加，是有支付能力的投资收益；之后则是各种转让收益等，转让收益一般对应现金流量的增加。

十、资本结构质量分析

资本结构的含义非常广泛，主要包括：资本结构是指股本或者股权结构，即企业的股东是谁，股份比例是多少；资本结构是指有代价的资本来源的结构，这时要看贷款与所有者权益的结构；资本结构还可以包括人力资本，即企业的资本结构要考虑三个结构：股东权益＋贷款＋人力资本。

资本结构揭示了利益相关者的基本利益关系，帮助我们回答“给谁干”的问题。

在公司理财中对资本结构的决策分析主要关注资本成本。公司理财（财务管理）对资本成本的表述总结起来就是三句话：任何资本都有成本（机会成本）；不同来源资本的成本不同；加权平均成本最低的就是最佳资本结构。

如果你认为不同来源、不同结构的资本产生的效益是一样的，那么这个结论就是正确的。但是如果不同来源、不同结构的资本产生的效益是不一样的，那么这个结论就是不正确的。在不同来源、不同结构的资本产生的效益不一样的条件下，不能仅仅关注成本，一定要进行成本与效益间的对比分析。

有一个非常有意思的现象：在非常明显、简单的情况下，企业会只考虑融资的具体成本。在大多数情况下，企业会依据融资的目的来综合考察融资的安排。

在实践中很难见到计算或者考虑包括股东权益在内的加权平均资本成本的中国企业，但确实到处可见融资成本很高却“迎高而上”的情形：

一类是高上市融资成本的情形。很多企业在发展到一定阶段后就开始谋求上市融资，但并不是每一个企业都能够获得上市融资的机会，很多企业在谋求上市的过程中失败了。但是，以往的失败案例并没有使准备上市的企业望而却步。面对可能的失败，企业家们考虑的不是加权平均资本成本，也不是和以往的融资成本进行比较，而是非常简单地关注：整个上市融资过程需要付出多大的代价？如果上市不成功，最大的损失是多少？本人或者整个企业的现有股东是否能够并愿意承受？对最大后悔值的担当能力决定了他们的决策。

另一类是高经营性融资成本的情形。一些企业用很高的成本去融资搞经营。此时，融资者考虑的绝不是自己的历史融资成本，而是增量融资成本和增量收益之间的关系：如果增量融资能够最终为企业带来利润，在财务上就可以接受较高成本的融资。还要注意的是，我们考察成本与效益或者效应的关系时，有的效应或效益是能够通过量化的利润表现出来的，但并不是所有的效应都能够量化表现，如上市融资后的各种效应。

下面从定性的角度谈谈如何进行资本结构的质量分析。

1. 企业的股权结构与企业发展战略的关联度

谁决定了企业的战略？不是 CEO，而是大股东，或者控制性股东。

研究企业的成功，要从资本结构入手。很多企业不能够突破瓶颈发展壮大，就是由于受到股权结构的制约。股权结构影响着企业的长期发展。这样的例子太多。

表面上看，出现问题的企业往往在产品、市场、管理等方面存在不足，但背后的根本原因是由股权结构决定的公司治理结构和用人政策等出了问题。

企业要面对的问题是：这样的股权结构能实现企业自己制定的发展战略吗？

2. 股权结构对应的资产结构对企业的长期影响

分析股权结构的质量，还要考察入资内容的质量，因为入资内容对企业发展具有长期的根本性的影响，而且股东的权益不会因为入资内容的变化而变化。

关于入资的效应问题，我们在前面的“看价值”一章已经讨论过。

3. 负债与其推动的项目的对应性

如果一个项目完全靠贷款来推动，那么对其最起码的要求是达到盈亏平衡以上。也就是说，利润是零的时候，其他利益相关者的利益都得到了满足，也能够还本付息，只是股东的要求没有满足——股东没有利润。如果亏损，要么折旧补偿不了——贷款的本金偿还不了，要么利息偿还不了。

因此，盈利能力有保证的项目可以更多地考虑负债融资，没有盈利保障的项目通常都要靠自有资金。

4. 资本结构的"四度"分析

我们在前面曾经讨论过，企业的资产负债表的右边展示的是企业发展的四大动力：金融性负债、经营性负债、股东入资和利润积累。

这样，我们就可以把资产负债表右边粗略地分为债权人贡献、股东贡献和利润积累（见表10-2）。

表10-2 资产负债表部分内容

<table>
<tr><td rowspan="6">资产</td><td>经营性负债</td><td>商业债权人贡献</td></tr>
<tr><td>金融性负债</td><td>金融债权人贡献</td></tr>
<tr><td>股本</td><td rowspan="2">股东贡献</td></tr>
<tr><td>资本公积</td></tr>
<tr><td>盈余公积</td><td rowspan="2">利润积累</td></tr>
<tr><td>未分配利润</td></tr>
</table>

这样划分以后，就可以进行一些新的"四度"分析：商业债务依存度指企业对商业债权人负债的依赖程度；金融债务依存度指企业对金融债权人负债的依赖程度；股东贡献度指股本与资本公积对企业资产的贡献程度；利润积累度指盈余公积与未分配利润对企业资产的贡献度。股东贡献度与融资规划有关，而利润积累度与盈利能力和分配政策有关。

当企业债务规模比较大的时候，想要改善和维持它，就需要夯实资本，即股东权益。债务越高，企业的财务风险一般会越大，企业承受亏损的能力就越小，融资能力就越差。

降低债务依存度的方法有哪些呢？第一，可以股东入资；第二，可以提高利润积累度。但是提高利润积累度与现金股利分配政策相矛盾——为了改善财务杠杆、降低负债率，企业就应该考虑少分现金股利。

因此，企业股利分配政策既与利润和现金支付能力有关，也与利润分配前后的财务状况有关。

十一、几种重组的财务效应分析

资产负债表左边关注战略、管理、效益（导向是效率与效益），右边强调利益、分配和关系。

各种重组通常都会表现为资产负债表某些方面的变化。

（1）资产重组：资产重组直接影响的是资产的结构和盈利能力，着眼点在于把利润做大，单纯的资产重组不涉及资产负债表右边的问题，即不涉及利益相关者之间的利益关系调整。资产重组关注资产的存在方式、形态、空间的调整，目的是提高盈利能力。因此，资产重组的主旋律是提高利润以及持续的盈利能力。业务重组也包括在资产重组之中。

（2）债务重组：债务重组关注条件的改变（债务的偿还、期限、利率等）、缓解企业的偿债压力。既然条件改变了，就一定有利益关系的调整。

（3）资本重组：如果企业的名称没有变，股权结构变了（原股东之间股权结构调整或者新加入投资者等），从会计的角度看是企业内部的股权结构调整，我们称之为资本重组。人力资源重组、人事重组都包括在资本重组和企业重组之中。

（4）企业重组：指企业间的股权结构调整。企业重组包括资产重组、债务重组和股权结构调整等。

不论是何种重组，关键在于重组过程产生了什么效应。不论重组采用何种方式，都要关注其效应。而所有的效应都可以在资产负债表上表现出来。

重组的财务效应主要表现在三个方面：

（1）直接改善盈利能力。如果组织得当，重组有可能直接通过改变资产的组合、结构等取得盈利能力提高的效果。但是，这里所指的盈利能力的改善是持续性的，一次性或者账面改善的盈利能力不能表明重组成功。

（2）改善融资能力，通过融资改善盈利能力。债务重组和资本重组以及企业重组等有可能直接改善企业的融资能力。在改善融资能力以后，通过融资再提高企业盈利能力。也就是说，可以通过融资激活现有资产，进而使企业的盈利能力得到改善。

（3）改变股权结构、人力资源结构、资产结构和业务结构，实现盈利能力的改善。在资本重组和企业重组以及债务重组的条件下，企业的股权结构可能发生变化。在控制权发生转移时，企业的核心人力资源也会随之发生变化。企业股权结构、人力资源结构变化了，企业的战略也可能发生变化。与此相适应，企业的资产结构和业务结构也会相应调整。

从上述三种重组效应可知，不论什么重组，其核心问题都是一样的——在资产方，强调提高企业的长期、持续的盈利能力；在负债和股东权益方，强调利益关系的协调。

我们来看一个重组不成功的例子。某上市公司在大股东的蹂躏下已经严重资不抵债。在众多的债权债务关系里，有一项是这样的：上市公司的母公司即集团欠上市公司2.27亿元，上市公司欠银行2.27亿元。由于长期无法回收该项债权，上市公司已经为此计提了坏账准备50%，账面净值只剩下1.135亿元。债权债务的关系如图10-1所示。

于是集团想出了一套债务重组方案：找一个壳——某房地产开发公司作为实施重组的主体。该公司既接收上市公司的不良债权，同时也接收上市公司的优质债务。为什么有公司愿意这样做呢？可

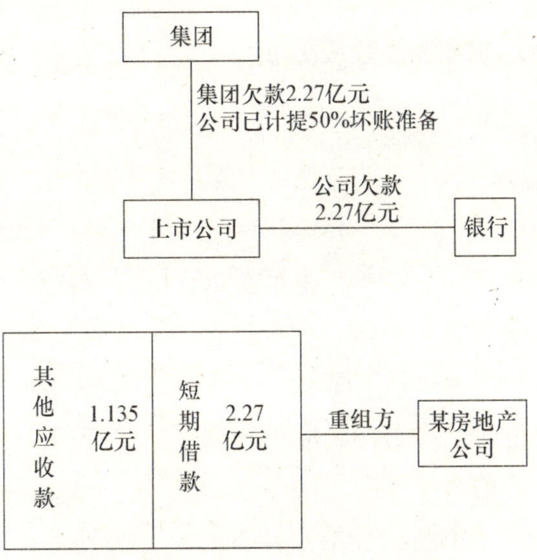

图 10-1　某企业债务重组示意图

能有以下原因：第一，这个公司本来就是关联方（经过调查，作为重组实施主体的某房地产开发公司的总经理是企业集团董事长的司机），甚至其开发资金来源于上市公司；第二，政府相关部门为了确保该公司不退市，帮助公司做了一些协调工作。

我们来看看这个重组对于上市公司的影响：资产方（左边）的 1.135 亿元与右边的 2.27 亿元同时转手给房地产公司，由此上市公司产生了 1.135 亿元的利润（账面上反映为营业外收入增加）。这就导致上市公司账面有利润没现金的情况发生。在企业的资产质量、经营能力、融资能力、人力资本等毫无变化的情况下，通过重组提高了企业当年的利润，但是其经营能力并没有实质性的变化。因此，这种重组注定不能成功。

综上所述，不论企业进行什么样的重组，一定要关注重组对企业盈利能力的持续性贡献。

十二、税务规划的财务效应分析

在资产负债表中，与所得税相关的项目有资产方的“递延所得税资产”、负债方的“递延所得税负债”和“应交税费”（其中一定包含了应交所得税）。在利润表中，“利润总额”下面有“所得税费用”。

一般认为，利润总额与所得税费用之间存在比例关系，但是我们现在看不出利润总额和所得税费用之间的比例关系是怎样的。这是由于会计与税法的口径不同。

下面简要说明利润总额、应税利润、应交所得税、所得税费用和递延所得税的关系。

利润总额是指按照会计准则计算的企业当期的所得税前利润。应税利润又称应纳税所得额，其确认、计量和报告的依据是税法及相关规定，对收入和准予扣除项目的界定标准是由税法规定的。应交所得税是根据应税利润和企业所得税率计算出的企业当期应交纳的所得税。所得税费用则是按照会计准则的规定确认的所得税费用。递延所得税，通俗地讲就是会计上认定的所得税费用与按照税务口径认定的应交税费金额不一致时，将暂时性的差异在资产负债表和利润表上进行平衡的项目。也就是说，递延所得税既不属于债权资产，也不属于具有实际支付意义的负债，只是一个平衡项目。

递延所得税具有一定的税务规划意义。虽然递延所得税本身不代表债权债务关系，仅仅是一个平衡项目而已，但是这个平衡项目出现在资产负债表的哪一方是有税务规划含义的：如果递延所得税出现在负债方，就有推迟纳税的意思，表示企业的会计利润（利润总额）多于应税利润，即会计利润多而交纳所得税少。这或者体现企业的税务规划能力，或者体现税法的鼓励与限制政策。如果递延所得税出现在资产方，则表示企业会计利润少于应税利润，即会计利润少而交纳所得税多，这也有可能是由于企业故意低估当期利润以平滑未来年度利润而隐藏利润。

十三、对现金流量表的分析

现金流量表是一定时期企业的货币资金分类收支汇总表。

企业的现金流量一般分为三类：经营活动现金流量、投资活动现金流量和筹资活动现金流量。

第一类，经营活动现金流量。资产负债表中的经营资产包括货币资金、短期债权、存货、固定资产和无形资产。但是，现金流量表中的经营则仅仅包括部分与流动资产和流动负债有关的现金流量，不包括与固定资产和无形资产有关的现金流量。

利润表中的营业是一个更大更杂的概念，营业利润包括投资收益，与资产负债表的经营和现金流量表的经营形成了差异。要注意，三张报表的口径有很多不同之处。

现金流量表中的经营活动主要包括：销售和购买商品、工资支付、税金交纳和其他相关支出。在利润表中，在汇总利润总额之后才减掉所得税。但是，我国现阶段的经营活动现金流量中不包括利息和股利因素。

第二类，投资活动现金流量。投资活动现金流量是与非流动资产和交易性金融资产相关的现金流量，以及与利息、股利收入有关的现金流量。分析投资活动现金流量，要重点关注流出量。“投资支付的现金”是对外扩张性投资，“购建固定资产、无形资产和其他长期资产支付的现金”是对内扩大再生产性投资。

第三类，筹资活动现金流量。包括股东入资与贷款，以及分配股利、利润、利息等。对现金流量表进行分析时，应分析经营活动产生的现金流量净额的充分性，投资活动应重点看投资流出量所包含的战略含义和效应，筹资活动则重点看流入量，以及企业的筹资规模与支持方向。

1. 分析起点

传统的财务报表分析是对前两张报表进行分析，第三张报表怎么分析？这个问题理论界还没解决好。我认为现金流量表的分析起点在于投资活动现金流出量的补偿机制分析。认识到这一点，现金流量表的分析就应该很清楚了。所谓补偿机制，是指我们支出这笔费用之后，用什么来补偿。

（1）"购建固定资产、无形资产的现金流出量"的补偿机制。下面用案例来说明。我们看一下特变电工2015年度的现金流量表（见表10-3）。

表10-3　　特变电工2015年度现金流量表　　单位：人民币亿元

报表类型	本年数		上年数	
	合并	母公司	合并	母公司
一、经营活动产生的现金流量				
销售商品、提供劳务收到的现金	362.37	94.27	343.95	89.62
收到的税费返还	3.44	1.51	1.17	0.73
收到其他与经营活动有关的现金	9.50	26.57	8.58	5.90
经营活动现金流入小计	375.31	122.35	353.70	96.25
购买商品、接受劳务支付的现金	307.69	79.94	320.66	73.65
支付给职工以及为职工支付的现金	20.00	5.16	17.60	4.43
支付的各项税费	13.93	3.55	12.42	3.26
支付其他与经营活动有关的现金	13.11	6.77	16.84	15.12
经营活动现金流出小计	354.74	95.41	367.52	96.46
经营活动产生的现金流量净额	20.58	26.94	−13.82	−0.21
二、投资活动产生的现金流量				

续前表

报表类型	本年数		上年数	
	合并	母公司	合并	母公司
收回投资收到的现金			0.23	0.03
取得投资收益收到的现金	0.35	0.35	0.10	3.37
处置固定资产、无形资产和其他长期资产收到的现金净额	1.44	0.00	0.03	0.01
处置子公司及其他营业单位收到的现金净额	1.21	0.03	1.50	
收到其他与投资活动有关的现金	0.74			
投资活动现金流入小计	3.74	0.38	1.86	3.41
购建固定资产、无形资产和其他长期资产支付的现金	27.83	3.14	16.31	3.58
投资支付的现金	13.02	21.76	6.99	16.28
取得子公司及其他营业单位支付的现金净额			0.19	
投资活动现金流出小计	40.85	24.90	23.49	19.86
投资活动产生的现金流量净额	−37.11	−24.52	−21.63	−16.45
三、筹资活动产生的现金流量				
吸收投资收到的现金	23.12	0.70	40.07	40.07
其中：子公司吸收少数股东投资收到的现金	22.42			
取得借款收到的现金	138.33	40.32	81.46	25.93
收到其他与筹资活动有关的现金	10.37	0.79		0.10
发行债券收到的现金	10.00	10.00	5.00	5.00
筹资活动现金流入小计	181.82	51.81	126.52	71.09
偿还债务支付的现金	113.42	31.51	70.35	29.63
分配股利、利润或偿付利息支付的现金	13.55	7.49	12.67	7.26
支付其他与筹资活动有关的现金	13.02	5.16	1.22	
筹资活动现金流出小计	139.98	44.16	84.25	36.89
筹资活动产生的现金流量净额	41.83	7.66	42.27	34.20
四、汇率变动对现金的影响	0.33	0.01	0.19	0.22
五、现金及现金等价物净增加额	25.64	10.08	7.01	17.77
期初现金及现金等价物余额	99.25	57.89	92.23	40.13
期末现金及现金等价物余额	124.88	67.98	99.25	57.89

在投资活动现金流量中有一项叫做“购建固定资产、无形资产和其他长期资产支付的现金”，2015 年支出 3.14 亿元。这笔钱花出去了，用什么补偿呢？

①投资活动未来流入量的补偿。投资活动未来流入量的“处置固定资产、无形资产和其他资产收到的现金”——也就是残值收入——可以补偿一部分现在的现金流出量。但这肯定不是现在可以实现的，一定是在未来多少年以后，即今天花钱明天补偿。但是，企业是不能指望用未来多少年以后的残值收入来补偿原有固定资产和无形资产的现金流出的。那应该用什么来补偿呢？

要往现金流量表的前面部分看，现在的购建固定资产、无形资产和其他长期资产支付的现金要由未来使用相关固定资产、无形资产和其他长期资产年度内的经营活动现金流量净额来逐渐补偿。

②经营活动产生的现金流量净额。经营活动现金流入量和流出量的关系为：在得到经营活动现金流量净额的时候，企业已经补偿了经营活动（交税、工资支付等）的诸多消耗（如采购款、工资等），但绝对没有补偿折旧费和无形资产及其他长期资产摊销费等，虽然折旧费和摊销费是不需要现在花钱的，但绝不意味着不需要补偿。

所以，本年购建固定资产、无形资产的现金流出量应该由未来固定资产、无形资产和其他长期资产使用期内经营活动的现金流入量来补偿，补偿速度取决于折旧或者摊销速度。由此可见，加速折旧就是加速补偿。

在之前讨论利润质量时曾强调检验利润质量的试金石是现金流量，在企业存货周转速度大于 2 次的条件下，核心利润要产生相当于自身规模 1.2～1.5 倍的经营活动现金流量净额，也就是这个道理。

(2)“投资支付的现金”的补偿机制。对外投资支付的现金由谁来补偿呢？显然不能依靠经营活动，只能依靠投资活动现金流入量的前两项。

①未来期间“收回投资收到的现金”。比如，今年买的股票明年卖出，收到的货币资金就是“收回投资收到的现金”，注意一定是先买后卖。

②未来期间“取得投资收益收到的现金”。在企业长期持有一些投资的时候，其补偿只能靠未来不断收到的现金股利和利息。

这就是说，现在支付的对外投资现金流出量，一定由未来投资项目的现金流入量来补偿。

我为什么特别强调现在和未来的关系呢？这是因为：如果一个企业的投资活动现金流量净额是负的，一般表明企业整体上处于(对内或对外的）扩张的态势。如果投资活动现金流量总是正的——企业今天卖厂房，明天卖设备，投资现金流量是正的了，但企业未来如何发展呢？

2. 经营活动现金流量的质量分析

经营活动现金流量是企业持续发展的内部动力，是企业自我造血能力的表现。现金流量质量分析的核心是经营活动现金流量分析。

(1) 经营活动现金流量净额的充分性分析。首先与核心利润相比较，看是否达到了预期的规模。前面讲过，在存货周转超过 2 次的条件下，经营净现金应该是核心利润的 1.2～1.5 倍。如果存货周转次数少于 2 次，要从经营周期的角度去看，在一个周期内的核心利润与经营净现金之间应该满足这个关系。

然后与用途相比较。经营活动产生的现金净流量必须满足如下用途：

①要补偿固定资产折旧和无形资产、长期资产摊销。

②要能够支付经营用融资利息和投资用融资利息。用于固定资产和无形资产购建的贷款利息，应该由未来的经营活动现金净流量来补偿，但由于相关资产还没有投入使用，没有产生现金流入量，因此只能用现在的经营现金流量来支付；为了投资而发生的贷款的利息支出应该由该项目未来的投资收益来补偿，但同样由于相关资产还没有产生现金流入量，因此只能用现在的经营现金流量来支付。

如果某年进行了投资性融资，那么经营活动现金流量可能就不足以支付利息，所以对利息的支付能力既与经营活动现金流量净额的规模有关，也与企业的投资和融资状况有关。当然，有能力支付与长期资产相关的融资利息，是企业经营活动现金能力强的表现。

③支付现金股利。如果某年股利分配过高，以至于把以前年度的累积利润都分配了，那么经营活动现金流量可能就不够用，所以对现金股利的支付能力既与经营活动现金流量净额的规模有关，也与股利分配政策和融资状况有关。

④扩大再生产。如果满足了前三项还有剩余的资金，经营现金流量就可以用来扩大再生产。

从这个角度看，仅仅关注“经营活动现金流量净额”与“投资活动现金流量净额”之和是大于零还是小于零毫无意义。它只代表一种状态，表明今年现金是不是有缺口需要“填补”，是由筹资来补充还是由以前的积累来补充。

（2）主要经营项目回款、付款的正常性分析。前文已作相关分析，这里不再赘述。

（3）巨额其他应收款对经营活动现金流量净额的干扰。企业的巨额其他应收款一定是向关联方提供的资金。如果是向子公司提供的资金，则其本质属于投资活动现金流出量；如果是向自己的母公司和兄弟公司提供，则属于外部关联方占用资金。但是，不论是哪方占用，都不属于本公司的经营活动范畴。

因此，在考虑经营活动现金流量净额的充分性时，应剔除巨额其他应收款的干扰。

3. 投资活动现金流量的质量分析

投资活动现金流入量代表企业投资的回收、收缩。既然是投资，就一定与扩张相关。所以我们要了解投资活动现金流出量所具有的战略含义。

（1）从投资流出量的结构看战略。购建固定资产和无形资产是对内扩大再生产；对外长期股权投资尤其是控制性投资是对外扩张，它的持续拉动效应能够使企业以较少的资源撬动较多的其他企业的资产。因此，从投资活动现金流出量的规模和结构分布就可以观察到企业的战略调整信息。

（2）看现金流出量变化与效益（或效用）的关系。简言之，对于本公司的购建固定资产、无形资产和其他长期资产支付的现金，要关注持续增加的固定资产对本公司营业收入与核心利润（效益）的影响，关注在建工程规模的变化与固定资产规模变化之间的关系。虽然我们并不指望在建工程立即变成固定资产，固定资产马上变成实际利用的产能，但是从在建工程到固定资产、从形成固定资产到产生效益的时间不能太长。

对于对外投资尤其是控制性投资支付的现金，要特别关注合并报表中购建固定资产、无形资产和其他长期资产支付的现金与合并资产负债表在建工程、固定资产规模以及营业收入和核心利润之间的关联度。

要注意，在建工程规模过大、转化成固定资产的时间过长、短时间内企业固定资产原值增长过快，都可能使得企业近期的财务效益下降。

4. 筹资活动现金流量的质量分析

关注筹资活动现金流量，就要看现金流入量的来源以及相应的规模，即企业的筹资规模与支持方向，融资成功后，筹集到的现金应该支持经营和投资的扩大。

下面分析2015年特变电工母公司现金流量表筹资活动现金流入量的规模和支持方向。2015年，特变电工筹资活动现金流入量主要表现为取得借款收到的现金和发行债券收到的现金，筹集资金共计约51亿元。在支持方向上，从逻辑关系来看可以清晰地看到主要支持了偿还债务的活动（企业当年偿还债务共支付31亿多元）和支付现金股利与利息（约为7.48亿元）。此外，企业的筹资活动现金流量还支持了企业的投资活动现金流出量。

综合特变电工母公司筹资活动现金流量、投资活动现金流量、经营活动现金流量的净额以及资产负债表的相关项目，我们可以看到，特变电工当年的现金流量整体上增加了10.08亿元，从而增加了年末的现金存量。

十四、合并报表与财务状况质量

现在很多企业的财务报表都有两套数：母公司数和合并数。下面我们分析合并报表中所包含的财务状况质量信息。

1. 合并报表的若干认识问题

我们可以将企业的盈利模式分为三类：经营主导型、投资主导型以及经营与投资并重型。

对于经营主导型企业，可按照“经营资产——核心利润——经营净现金”这个思路进行分析。

投资主导型企业的控制性投资一般比较大。其母公司报表只包括三个主要的项目：货币资金、其他应收款和长期股权投资。

我们已经说过，企业的控制性投资就是被投资者的各项经营资产。但是这种概括性的表述使我们很难对投资的资源结构进行了解和分析，所以需要把企业的控制性投资进行分解和还原，这就形成了辅助说明长期控制性投资的合并报表。

一般来讲，投资的拉动效应会导致报表越合并越大的现象。但是有的时候，合并报表总资产比母公司总资产还少。这是因为子公司整体上严重亏损，已经处于整体资不抵债的状况。这种情况表明控制性投资在整体上是失败的。

分析投资主导型企业，应该按照“母公司控制性投资——子公司核心利润（体现在合并利润表上）——合并现金流量表的经营净现金”的思路进行分析。

第三类企业就是经营与投资并重型企业，即以经营与投资两种方式分别发挥效应的企业。将第一类和第二类企业的分析方法结合起来，就形成了第三类企业的分析方法。

2. 个别报表的特征

必须强调，合并报表是以个别企业的报表为基础编制的。因此，我们有必要先了解个别报表的一些特点。

(1) 个别报表所代表的企业存在：每一个企业都以自己的资源为基础开展各种活动。

(2) 企业以账簿记录为基础编制报表。

(3) 在报表的编制过程中必须实现五个相符：表账相符、账实

（实物）相符、账证相符、账账相符和表表相符。

（4）常规的财务比率分析有意义：比率分析大多是针对特定企业的。比如一个公司的存货周转率有意义，但是对全社会的存货周转率分析还有意义吗？当然没有意义。对一个集团的存货周转率计算有意义吗？也很难说。如果企业集团内的业务关联度不大，一个集团里有从事房地产的、经营商场的、办教育的，单独计算每个企业的周转率或者加总计算都没有意义。这一点要特别注意。

3. 合并报表的特征

（1）合并报表所代表的企业并不存在：合并报表所反映的主体是会计意义上的主体，不反映任何现存企业的状况。比如子公司的资源是子公司自己管理和控制的资源，但是这些资源不可能在合并报表的范围内任意调动。

（2）总资源不代表任何企业可支配的资产：只代表一种存在，不代表可以对其进行控制。

（3）不能作为针对集团内个别企业的决策依据：和谁做交易就要看谁的报表，不能看着合并报表做决策。

（4）常规的比率分析经常会失去意义：合并报表是以报表为基础编制的，个别报表是以账簿记录为基础编制的。在合并报表条件下，许多周转率指标已经失去了意义。

4. 合并报表与企业财务状况质量

实际上，我们在前面关于战略信息的解释（见“看战略”一章）的大量内容就是对合并报表的分析。下面我们再补充分析一下合并报表所展示的其他方面的财务状况质量信息。

（1）集团内母、子公司的资源分布与资源结构状况。查看合并报表，首先可以帮助母公司的股东了解母公司所控制的集团内的资源分布与资源结构状况。如果合并报表数与母公司数差别不大，那么编制这个合并报表就没有意义。母公司报表与合并报表相同项目的差异能说明资源的分布情况。

（2）帮助判断内部关联方交易的程度。这里要注意区分内部关联方和外部关联方。内部关联方，是以自己为母公司的集团内部的有关各方。外部关联方，是指自己的母公司集团外部的关联单位。

内部关联交易在外部看来没有意义，但对于内部是有意义的。内部关联交易的发生经常会伴随着财务报表中项目的“越合并越小”。可能出现“越合并越小”的项目及其含义为：

第一，债权、债务可能越合并越小。比如，很多企业的其他应收款、预付款项越合并越小，差额一般表明子公司占用的资金；债务越合并越小，则可能意味着本公司占用子公司资金。

第二，长期股权投资和投资收益越合并越小。长期股权投资越合并越小，意味着企业的控制性投资规模、投资收益越合并越小，差额表明子公司的分红规模。

第三，存货、营业成本和营业收入越合并越小。这涉及内部销售问题。

（3）比较母公司与纳入合并范围的集团子公司在管理效率方面的差异。资产的管理效率体现在哪里呢？第一，存货的毛利率，如比较合并报表与母公司报表在存货毛利率方面的差异，可以反映母子公司产品的比较竞争优势；第二，固定资产的差别周转速度，如比较合并报表与母公司报表在固定资产原值周转速度方面的差异，可以反映母、子公司固定资产推动营业收入的能力差异；第三，各项利润表费用的有效性，如比较合并报表与母公司报表在各项费用率方面的差异，可以反映母、子公司在费用有效性上的差异。当然，我们在分析费用情况时也要将企业的管理和经营方式结合起来考虑。可回顾前面讨论的通过比较母、子公司费用的情况来考察企业的集团筹资与销售费用和管理费用的管理模式等。

（4）吸纳少数股东入资的成效。吸纳少数股东入资，是母公司试图分担风险的一种努力，或者是吸纳其他资源谋求更大发展的一种努力。通过吸纳少数股东入资，企业可以用较少的资源支配更多的资源。

十五、财务比率分析的运用

在财务报表分析过程中，会经常用到财务比率。下面讨论财务比率分析的运用问题。

1. 比率的来源与科学性

在用一个财务比率进行分析的时候，我们应该问：这个比率是从哪里来的？它要分析企业财务状况的什么内容？对它的运用能够实现我们对特定财务指标所期待的财务分析目标吗？也就是说，这个指标的科学性在哪里？

实际上，我们通常熟悉的比率大多来源于美国，是以美国的报表体系为基础的财务比率。很多财务比率在美国的报表体系下是科学的，但是在中国运用可能就不一定恰当了，因为美国人在研究自己的财务比率时是以美国特定报表为基础的。所以，要特别注意我们在利用财务比率来评价企业财务状况时比率的科学性问题。

2. 比较对象的确定

比率计算出来以后，要和谁比呢？与不同的对象比较各有什么意义？

（1）与同行业平均水平比。很多教材里都提出这种比较方式。但是应仔细思考一下：同行业平均水平的相关财务比率是怎样的？由谁计算？我的答案是：一般没有人认真计算，也没有人按照平均水平去开展自己的工作。因此，与所谓的同行业平均水平比通常没有意义。

(2) 与特定对象比。与特定对象比，即使不是同行业，也永远会有意义。比较两个企业之间的财务比率差异，至少可以看出两个企业之间的彼此相关方面的差异。

(3) 与自己比。与自己比更有意义。可以与自己的历史比，一般来说比较过去三年的情况就能看出企业发展的大致方向。另外可以与自己的目标或内控指标比，这种比较对改善企业的管理意义重大。

3. 主要财务比率

(1) 毛利率。毛利率是毛利（营业收入减去营业成本）与营业收入的比率，反映企业产品初始的基本盈利能力。

(2) 核心利润率。核心利润率是核心利润与营业收入的比率，反映企业产品经营的盈利能力。

(3) 总资产报酬率。总资产报酬率是企业的息前税前利润与平均资产总额的比率，反映企业总资产的盈利能力。

(4) 净资产收益率。净资产收益率，也叫股东权益报酬率，是企业的净利润与平均净资产（股东权益）的比率，反映企业净资产的盈利能力。

(5) 存货周转率。存货周转率是企业一定时期营业成本与平均存货（原值）的比值，反映企业存货周转的速度。在周转一次有毛利的情况下，周转速度越快，企业盈利能力越强。

(6) 固定资产周转率。固定资产周转率是企业一定时期营业收入与平均固定资产（原值）的比值，反映企业固定资产周转的速度。在周转一次有核心利润的情况下，周转速度越快，企业盈利能力越强。

(7) 经营资产周转率。经营资产周转率是企业一定时期营业收入与平均经营资产的比值，反映企业经营资产周转的速度。在周转一次有核心利润的情况下，周转速度越快，企业盈利能力越强。

注意，这里没有采用总资产周转率。这是因为，对于对外投资比较大的企业，总资产周转率已经没有意义了。此时，经营资产（资产总额减去投资资产）周转率是有意义的。

（8）流动比率。流动比率是指流动资产与流动负债的比率。此项比率虽然与利润没有直接关系，但正如我们之前分析的，流动资产与流动负债关系的核心是上下游关系管理。实际上，这种关系会间接地影响企业的盈利能力。

（9）资产负债率。资产负债率是指负债与资产总额的比率。此项比率虽然与利润也没有直接关系，但如果企业的盈利能力比较强，更多地采用债务融资，企业的净利润就会更快速地增长。因此，这个比率会间接地影响企业的盈利能力。

（10）经营活动产生的现金流量净额与核心利润的比率。这是我造的一个比率，它可以直接衡量企业利润的质量。

4. 合并报表条件下的财务比率运用

在合并报表条件下运用比率分析要特别谨慎。

（1）完全可以用的财务比率。利用合并报表信息，一些比率是完全可以用的。比如净资产收益率、总资产报酬率、毛利率、核心利润率、销售费用率、管理费用率、经营活动产生的现金流量净额与核心利润的比率等，都可以直接用来反映整个集团的效益状况。

（2）谨慎运用的比率。某些比率是不宜采用的，如展示某项资产活力的比率——存货周转率、固定资产周转率等。此外，流动比率、资产负债率等比率也已经失去了个别企业条件下的意义。

5. 综合比率分析

在综合比率分析中，有一个杜邦分析体系值得我们关注。杜邦分析体系分解图如图 10－2 所示。

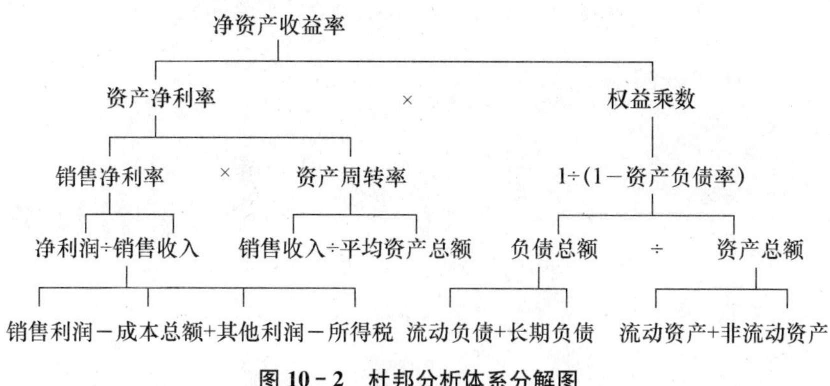

图 10－2 杜邦分析体系分解图

杜邦分析体系指向了最基本的净资产收益率，然后逐层分解，一般分析到第二个层次即可。这对我们有很大的启发：提高资产报酬率的手段主要有两个，一是提高资产周转率；二是提高每次周转的盈利率。这实际上就是要求尽可能地优化企业的资产系统，降低各种资源消耗。

如果我们按照分解图继续往下分解直至最下面一层，就会使企业变成“皮包公司”。

为了更清晰地加以说明，我们可做一个简化处理和变形处理：

$$\text{经营资产报酬率}=\frac{\text{核心利润}}{\text{平均经营资产}}=\frac{\text{核心利润}}{\text{营业收入}}\times\frac{\text{营业收入}}{\text{平均经营资产}}$$

这个关系式告诉我们如何提高经营资产报酬率：从提高盈利的角度来看，应该提高毛利率，提高费用的有效性；从提高资产周转率来看，要最大限度地降低不良资产占用，提高资产利用效率，有序地开展经营活动。

第 11 章/*Chapter Eleven*

看风险

在企业的经营管理活动中，对风险的分析与防范越来越重要。

实际上，现在的管理界对风险的研究已经很多很系统了。但是，以报表为基础的风险分析还不是很多很系统。

那么，从报表上可以揭示企业的哪些风险呢？报表上看不到的企业风险又有哪些呢？

我们先讨论报表上可以看到的一般风险。一般来说，通过报表识别的风险可以分为经营风险和财务风险。

一、经营风险

我们知道，资产负债表里的资产包括经营资产和投资资产。经营资产肯定是要用来进行经营活动的，因此在三张报表中有一条非常清晰的线：经营资产产生核心利润，核心利润产生经营活动的现金流量净额。这是第一条线。

对于投资资产，我们要重点关注控制性投资。回忆一下，企业的控制性投资会形成谁的经营资产呢？一定会形成子公司的经营性资产，从而产生子公司的核心利润，然后产生子公司经营活动的现金流量净额，这是第二条线。因此我们将之视为经营风险，即母公司以及子公司的经营风险。

那么，什么是经营风险呢？经营风险就是与企业未来经营活动的盈利能力的不确定性有关的各种因素。当然，风险并不一定是危险，风险未必一定发生，只是有可能发生。

需要强调的是，通过财务报表看企业的经营风险，我们应该看这样几个最基本的比率关系：首先是流动资产和流动负债的关系，更多地强调短期经营和周转的关系，虽然我们不能用一个特定的比率来说明多大的规模合适，但应该知道流动资产和流动负债背后体现的核心问题是上下游关系管理。其次是我们耳熟能详的毛利率、存货周转率、核心利润率，最后是经营活动的现金流量净额与核心利润比率。

二、财务风险

财务风险实际上是与企业贷款的借入与偿还的不确定性有关的因素。也就是说，考察一家企业的财务风险，一般会关注企业债务融资（尤其是贷款融资）能力以及偿还本金、利息能力方面的不确定性问题。

从报表上看财务风险，可以通过考察企业的资产负债率、债务结构中贷款与商业负债的结构以及企业的综合盈利能力等因素来分析判断。

(1) 资产负债率。资产负债率就是企业一定时期会计期末（如 12 月 31 日、1 月 31 日等）的负债总额除以资产总额。

一般来说，如果资产负债率超过 70%，企业的财务风险就比较大了。为什么会是70%？这不是严格意义上的理论关系，而是我从实践中体会或者感悟出来的。

在21世纪初的几年里，我曾在几家上市公司担任独立董事。在此期间，董事会在开会时经常审核一些为子公司贷款的担保议案。当时按照规定，如果被担保企业资产负债率超过70%，董事会的决议就不是最终决定。在董事会开完会以后，资产负债率超过70%的企业的被担保议案必须提交临时股东大会，通过投票做最后决定。

我担任独立董事的公司就曾经出现这样的情况：某些关于资产负债率超过70%的被担保公司的担保议案在董事会上通过了，但在临时股东大会上却被否决了。为什么呢？应该是股东对被担保对象资产负债率超过70%感到担心，认为企业的发展面临风险。因此我们可以说，在企业管理的现实里，资产负债率达到70%是一个很重要的财务风险界限。

当然并不是说企业的资产负债率超过70%就一定会有危险。下面我们要考虑另外一个问题：企业的债务结构与企业风险之间的关系问题。

（2）金融负债率。金融负债率是指企业的金融性负债与资产总计的比率。金融性负债，主要体现在短期借款、交易性金融负债、一年以内到期的非流动负债、长期借款和应付债券这几个项目里。有时企业发行不超过一年的债券到资本市场上融资，我看报表的时候发现，此类负债被归入“其他流动负债”里。

在我看来，由于企业金融性负债需要偿还本金和利息，因此，企业真正的财务风险主要体现在金融负债率上。

我查看很多企业的报表后发现，企业的负债率并不可怕。这是因为，企业的负债中，如果商业性负债尤其是预收款项规模较大，由于此款项里包含了毛利，因此企业的实际负债被夸大了。预收款项越多、毛利率越高的企业，由此引起的高负债率越不可怕。比如，格力电器截至2015年度以前的各年度报表就是这样。有兴趣的读者可以去看一看。

可怕的是金融负债率。金融负债率越高，企业的财务风险就越大。

金融负债率的计算公式为：

$$\text{金融负债率}=\frac{\text{短期借款}+\text{一年以内到期非流动负债中的贷款部分}+\text{长期债款}+\text{应付债券}+\text{其他流动负债中的贷款部分}}{\text{资产总额}}$$

（3）利息保障倍数。许多教材里都提到利息保障倍数，认为这是衡量企业融资能力或者偿债能力的一个比率。但是我要告诉内行的读者或者会计与财务管理基础比较好的读者，这个比率衡量的是另外的东西。

我认为，利息保障倍数是衡量企业贷款融资效用的一个比率，也就是说，这个比率越高，表明企业债务融资的效用越好——这个比率越高，留给股东的利润就越多。实际上，它与偿债能力无关，因为偿债能力与现金流量或者企业的现金能力有关，与利息保障倍数无关。

（4）核心利润率。我在此要特别强调核心利润率与企业融资之间的关系：经营风险与财务风险不是完全割裂的，而是密切相关的。

大家想一想，经营风险低的企业，财务风险不可能很高。如果企业没有产品经营的能力，其融资风险绝对很高。所以我们一定要把企业的利润情况与贷款的能力联系在一起考察。

一些在银行工作的EMBA学员跟我讲：我们给企业发放贷款是看报表，但是我们更看重三品。

所谓三品，首先是人品。也就是银行要看贷款企业负责人的人品。我想说的是，什么决定了人品及人的行为呢？其实除了特定人的自然特征以外，决定企业负责人所代表的企业管理层的行为的，还有很重要的公司治理因素。

我们经常会发现这样的情况：人品很好的人，当他代表一家企业去开展商业活动时，为了满足特定企业在特定时期的特殊经营与发展的需要，经常会出现与他的人品和个人行为相冲突的组织行为。因此，一个公认的比较实在的老同学，可能为了自己所在公司贷款的事，去骗另外一个在银行工作的老同学，以获得企业需要的贷款。

因此，不能片面强调和相信人的人品。你现在打交道的是特定人所代表的组织。

其次是产品。也就是说，要看企业的产品有没有盈利能力，尤其是与未来贷款使用方向相关的产品有没有盈利能力。

最后是押品，即质押物或抵押物。这个问题实际上是有关保障手段或者保障措施的问题。

我们前面讨论的三品，第一个是人力资源和资本的关系问题，第二个实际上是经营活动盈利能力问题，第三个是保障手段问题。所以银行通过贷款中的三品考察，在很大程度上了解了企业可能存在的财务风险问题。

因此，对企业财务风险的考察，不能简单地看资产负债率，还要看企业的贷款率以及企业现有资产的营运状况和企业产品的盈利能力。

三、利润结构与企业风险

当我们把核心利润的概念建立起来后，按照现行的利润表结构，企业的净利润就会由三个支柱构成：核心利润、投资收益和营业外收入。

大家都知道，企业的资产结构不同，其利润结构就会不同：对于经营主导型企业来说，由于资产基本上是经营资产，利润表里的核心利润应该构成净利润的支柱；对于控制性投资主导型企业来说，由于对外进行控制性投资的企业很少进行经营活动，其利润表的投资收益（取决于子公司的分红状况）就会成为净利润的支柱；对于有政府补贴（一般计入营业外收入）的企业而言，营业外收入就可能成为企业净利润的支柱。

由于合并资产负债表的投资资产一般会比较少，因此合并利润表上的投资收益在净利润中所占比重不应过大。

实际情况是，在我考察的一些上市公司的财务报表中，净利润的结构与资产结构经常会出现不太清晰的变化。

表 11－1 展示了上市公司珠海中富 2014 年度利润表的内容。

表 11－1　　珠海中富 2014 年度利润表　　单位：人民币亿元

	2014 年		2013 年	
报表类型	合并	母公司	合并	母公司
一、营业收入	23.71	15.05	27.96	21.85
减：营业成本	19.34	14.34	24.41	20.95
营业税金及附加	0.17	0.02	0.16	0.01
销售费用	0.52	0.00	0.71	0.04
管理费用	2.24	0.99	3.46	1.34
财务费用	1.69	0.93	2.05	1.16

续前表

报表类型	2014年		2013年	
	合并	母公司	合并	母公司
资产减值损失	0.30	0.15	8.79	1.97
加：公允价值变动净收益	0.02	0.01	0.00	0.00
投资净收益	0.50	0.39	0.14	0.59
其中：对联营企业和合营企业的投资收益				
汇兑净收益				
二、营业利润	−0.04	−0.97	−11.49	−3.04
加：营业外收入	0.66	0.03	0.08	0.03
减：营业外支出	0.04	0.01	0.13	0.02
其中：非流动资产处置净损失	−0.03	−0.01	0.10	0.01
三、利润总额	0.59	−0.95	−11.54	−3.02
减：所得税	0.21	0.00	0.33	0.00
四、净利润	0.38	−0.95	−11.87	−3.02
减：少数股东损益	−0.04		−0.76	
归属于母公司所有者的净利润	0.42	−0.95	−11.10	−3.02
加：其他综合收益	0.05		−0.18	
五、综合收益总额	0.43	−0.95	−12.05	−3.02
减：归属于少数股东的综合收益总额	−0.04		−0.76	
归属于母公司普通股东综合收益总额	0.47	−0.95	−11.28	−3.02

资料来源：珠海中富股份有限公司2014年度报告.

请读者主要关注合并利润表。与2013年度相比，企业2014年度的合并利润表的净利润由上年的巨亏11亿元以上变为盈利0.38亿元，而且是在企业的营业收入出现下滑的条件下实现的。进一步考察会发现，在企业的费用和损失出现全面下降的情况下，投资收益和营业外收入对于企业扭亏为盈起到了中流砥柱的作用。

这就是说，在 2014 年的合并利润表中，出现了营业外收入和投资收益在净利润中占比较大的问题。

如果读者进一步考察该公司 2014 年度报告中关于合并利润表的营业外收入的附注，就会发现企业的营业外收入的主要构成是企业在当年处置了一些固定资产和无形资产所获得的利得。

而这个企业的合并资产负债表中的投资资产占总资产的比重并不大。

企业这种靠与合并资产负债表的投资资产规模并不匹配的投资收益以及营业外收入去支撑净利润的模式，能够持续多长时间呢？企业的主打资产——经营资产为什么不能带来更多的核心利润呢？

概言之，利润结构与资产结构出现严重反差的企业，其经营资产的盈利能力可能存在极大的不确定性或者困难，应对其保持高度警惕。

四、过度融资、过度投资与企业风险

先说说过度融资与企业风险。过度融资是指企业融资规模超过了正常的经营与投资需求的情形。

读者可能会说：钱多了不好吗？钱多了还有风险？

千万别忘了：企业是以盈利为目的的经济组织。企业盈利的过程，就是其经营资产不断转化形态并实现增值的过程。过多的资金放在企业那里，一般会形成相应的资金闲置而不会参与经营周转，从而导致整个企业的资产报酬率下降。

过度融资的另一个风险是导致企业资产结构的失衡。很多企业的管理者在看到账上有很多资金尤其是筹资获得的（不是自己卖东西辛辛苦苦赚来的）资金时，总有一种要把它花出去的冲动。在现实的企业管理中，企业管理层可以通过很多方式把资金（即使有一定的筹资约束或者限制）花出去，用在企业根本不需要的方面（如加大固定资产投入，对外投资缺乏慎重选择）。结果可想而知：这样花钱的结果一定是企业资产失衡，很难促进企业整体效益提高。

再说说过度投资与企业风险。过度投资是指企业的固定资产、在建工程、无形资产建设规模以及对外控制性投资的规模过大，没有相应的市场容量进行消化吸收的情形。

过度融资实际上是过度投资的推手。对于融资能力相对较强的企业来说，特别容易出现自身产能利用率不高、产能过剩的情况。

总结一下过度融资与过度投资的财务表现：第一，在资产负债表的右方（负债与股东权益方），企业的金融性负债长期居高不下，股东入资频繁；第二，在资产负债表的左方（资产方），企业的货币资金（融资后闲置导致）、在建工程、固定资产和无形资产等增长过快，固定资产原值的增长显著快于营业收入的增长；第三，在企业通过融资并购进行扩张的条件下，不惜代价的并购将导致合并资产中出现较高商誉；第四，在利润表上，企业的财务费用长期居高不下；第五，在现金流量表上，企业投资活动的现金流出量较为活跃，筹资活动的现金流入量在逻辑关系上支持了投资活动的现金流出量。

如果考察一下在前面不同章节里展示的特变电工 2015 年度的财务报表，我们就会发现，该企业有某种过度融资与过度投资的味道。我们以合并报表数据为依据进行讨论。

第一，企业的资产总规模在不断增长。从资产负债表右边的结构来看，导致企业资产增长的主要动力来自融资（贷款、发行债券与吸收股东入资）。考虑到企业的利润带来现金流量的能力并不突出，企业扩张所需要的现金或者通过消耗已有的现金存量来解决，或者通过增量融资来解决。显然，企业主要是通过融资来解决的。

第二，企业的资产结构中，货币资金、固定资产和在建工程以及无形资产比较活跃或持续增长，货币资金、固定资产和在建工程以及无形资产总规模在快速增长。显然，上述诸项目总规模的增长，主要是融资驱动的。

第三，企业的总资产周转率随着资产的快速增长而有所下降，固定资产周转率不高。

第四，企业的合并利润表中的财务费用，在企业已经将部分利息支出计入固定资产的建造成本的条件下，各年均保持了一定的规模。

最后，在现金流量表上，企业的经营活动现金流量净额不能对企业活跃、大规模的投资活动现金流出量形成战略支撑。支撑企业投资活动现金流出量的是企业投资活动现金流入量。

上述筹资、投资的繁荣景象，在财务上除了带来营业收入的逐年增长外，并没有带来企业效益的持续增长，也没有带来企业经营活动现金净流量的持续增长。

当融资增加的资产不能持续带来企业效益的条件下，物理上的优质资产也是财务上的不良资产。

五、公司股权结构变化、治理环境变化以及核心管理人员变更与企业风险

在企业已有的资产结构、业务结构和行业内竞争地位均没有显著变化的情况下，如果企业的股权结构变化（如大股东或者实际控制人变更），公司的治理环境和核心管理人员就可能随之发生变化；即使股权结构没有变化，基本的治理环境没有变化，但核心管理人员发生人事更迭也可能导致企业的发展出现较大变故。这种风险是难以用财务比率来计算的。

请看一下格力电器的情况。

2012年5月25日以前，格力电器的董事长是朱江洪，总裁是董明珠，长期分别负责公司的技术和营销。两个人各负其责，密切合作，使企业在过去十余年里坐稳空调老大的位置。

在此期间，格力电器坚定地走专业化的道路：做大做强空调。

2012年5月25日，在格力电器召开的股东大会上，朱江洪由于年龄原因没有进入新一届董事会。原副董事长兼总裁董明珠任董事长，并继续任公司总裁。

公司的主要股权结构虽然没有变化，但公司的战略目标可能有所变化。

董明珠任董事长以后，豪迈地提出：2012年企业将实现营业收入1 000亿元。从2013年开始，格力电器每年的营业额要增长200亿元，用5年的时间，再造一个格力！

果然，格力电器2012年、2013年、2014年均按照预期实现了营业收入超过1 000亿元、1 200亿元和1 400亿元的目标！

但是，到了2015年，格力电器的年度报告却交出了仅仅实现1 005亿元的答卷。

需要注意的是，格力电器2012年、2013年、2014年的营业收入，一直是以空调的专业化和适度多元化为战略来实现的。而这个战略在2015年遇到了阻力——空调市场的营业额增长难以支撑了。

正是在这个背景下，格力电器在2016年主要战略上的变化是积极对外扩张，以求通过扩张来实现增长。这就有了后来的并购珠海银隆的计划（尽管最终没有实施）。

无疑，截至2015年，格力电器是成功的。未来格力电器的发展，既取决于在空调领域的发展，也取决于其对外扩张的实际效果。

六、惯性依赖的风险

很多企业都有惯性依赖的问题。

1. 上下游关系未来发展惯性的依赖

我们在前文已分析了企业以存货为核心的上下游关系管理。企业要保持竞争力，除了自身有一定的综合竞争优势以外，还依赖于一个重要的假设，就是上下游企业会按照现在的惯性往前发展。一旦上下游企业的经营环境出现较大变化，原有的惯性将不复存在。此时，企业会面临较大的经营风险。

2. 组织文化惯性的依赖

在一些发展较好的企业里，大都有“企业皇帝”。他们的特点是：第一，永远正确；第二，一个人说了算。因此，在“企业皇帝”威望极大、权威很难受到挑战的情况下，企业的安危就在相当大的程度上维系在“企业皇帝”一个人或者极少数人身上。在这样的组织里，“企业皇帝”以下的人往往是不愿意担当的。

这种组织文化的惯性会导致企业在“企业皇帝”出现各种问题的情况下迷失方向。

3. 竞争环境惯性的依赖

这里所指的竞争环境，一是指企业在业内的竞争地位；二是指企业所在行业的发展前景。

企业的决策，尤其是重大投资决策，一般是基于对竞争环境的惯性判断来进行的，比如在决定固定资产投资、企业的地区布局、产能的结构安排等时就是如此。但是，企业竞争是动态的，很多产能的形成是需要时间的。企业的竞争能力不仅取决于自己的努力，更取决于竞争对手的行动。

如果由于企业自身竞争地位出现变化，或者由于行业发展出现变化等而使判断出现偏差，则现在的投资与布局极有可能在未来形成产能之时就是亏损之时。

中国在过去的发展过程中经常出现全行业产能过剩的情况，应该吸取这方面的教训。

4. 核心业务发展惯性的依赖

核心业务，既是支撑企业业绩的根本力量，也是符合企业发展战略、体现企业核心竞争力的业务。一般来说，企业会依赖这样的业务打天下。但是，如果市场竞争优势不明显、市场容量较低或者核心业务的抗变能力太差，企业的发展将会遭遇很大的威胁。

读者可能还记得，汉王科技在上市以后业绩大变脸曾经引起普遍关注。公开的信息称，该公司赖以发展的电子书受到来自 iPad 的竞争压力而失去了竞争优势，从而导致上市后迅速巨亏。若果真如此，则表明该公司已有的核心业务缺乏竞争力。

这让我想起了当年的一个广告：呼机手机商务通，一个都不能少。现在还有谁用呼机和商务通呢？

七、外部环境变化的风险

前面讲的竞争环境惯性等因素，实际上已经包含了外部竞争环境的因素。这里再强调一下，引起外部环境变化的因素有很多，包括政治因素、特定地区主要行政领导人的变化、经济发展的总态势、特定时期的经济政策，等等。

通过财务比率计算不出来的风险可能更重要。

第 12 章/*Chapter Twelve*

看前景

在前面“七看”的基础上，我们可以把三张基本报表的关系再总结一下：现金流量表是对资产负债表中货币资金变化情况的展开说明，利润表是对资产负债表中股东权益未分配利润、盈余公积和资本公积项目部分内容的展开说明。所以三张表是有内在的互相勾稽关系的。

三张报表的核心是资产负债表。下面就以资产负债表为核心讨论对企业前景的预测问题。

一、基础分析

在看企业前景的时候，我们可以先从以下几个方面来做基础分析：

第一，以母公司资产负债表为基础，观察资产总规模及其变化。先看看企业的大势，是稳定发展、持续扩张，还是持续萎缩。如果企业的资产规模出现重大变化，则应该立即考察企业资产负债表的负债和股东权益部分，看看是“四大动力”的哪一个或几个导致资产的巨大变化。

第二，观察资产总规模中揭示的企业发展或者扩张方面的信息：经营资产与投资资产各占多大比重？尤其要注意通过合并报表找到母公司向子公司提供的所有资源——找到控制性投资的规模，并对企业控制性投资的扩张效应进行分析。

第三，观察主要资产规模的变化及其方向性含义。从流动资产、投资资产到固定资产和无形资产，逐一考察，找出变化的状况及其对盈利的影响。

第四，观察主要不良资产区域。这里所说的不良，并不是指物理质量的不良，而是指不能按照预期利用、不能发挥应有效用。主要的不良资产包括闲置的固定资产、包含潜亏因素的投资、周转缓慢的存货和债权，等等。

第五，观察流动资产对流动负债的保障。不需要计算流动比率。流动资产和流动负债问题的实质是经营中的上下游关系管理问题和短期融资安排以及集团资金管理问题。要观察企业是否有“两头吃”的能力，这关系到判断企业的核心利润能否产生足够的现金流量。

第六，观察企业负债融资发展的潜力，重点考察企业的金融负债率，也就是企业资产对总负债的保障程度。除了看负债率外，银行还通过看“三品”（人品、产品、押品）来决定是否向企业发放贷款。这表明，决定企业融资能力的重要因素不是负债率，而是企业的盈利能力、利润带来现金的能力、企业对贷款是否有其他保障措施等。

第七，结合企业的母公司资产负债表与合并资产负债表、母公司利润表与合并利润表、母公司现金流量表与合并现金流量表进行分析，对企业集团管理特征、业务关系、管理效率、其他战略信息、经营资产及其竞争力、企业的盈利能力及其质量进行分析。

二、对企业发展前景的预测

我们以资产负债表为核心按照三步法对企业的前景进行预测。

1. 从企业的经营活动看前景

从经营资产的角度来看，包括货币资金、商业债权、存货、固定资产和无形资产。对于债权，看其回收状况；对于存货，主要看其规模、结构、周转、毛利率等；对于固定资产，可以从规模、结构周转等方面进行分析。综合来看，经营资产对应着核心利润，核心利润对应着经营净现金。

要使企业步入良性发展的轨道，就应该不断优化经营资产的结构、减少不良资产占用、及时处置闲置资产、适量增加经营资产的规模、改善经营资产的结构，通过经营资产的合理利用来提高企业产品的市场竞争力和盈利能力，也可进行适当的经营资产置换，增强与其他资产组合后的增值潜力等。

如果企业的经营资产结构失衡、不良资产占用加剧，难以对利润产生贡献，产品难以满足市场需求，则企业的经营活动会日趋恶化。

2. 从企业的投资活动看前景

关于投资，我们重点关注控制性投资。企业的控制性投资就是被投资者的经营资产。而被投资者的经营资产总规模基本上可以从合并报表数与公司报表数之差中大概看出一些端倪。

要使企业步入良性发展的轨道，就应该不断优化投资资产的结构，及时处置盈利能力较弱的投资资产，以改善其结构等。

3. 从融资、重组、并购等手段看前景

以上关注的是经营资产、投资资产等资产层面，下面结合资产负债表从整体上来看企业的前景。

企业通过融资、重组、并购等手段来加快发展有几种途径：

(1) 增量贷款。这是盈利能力比较强的企业发展的首选融资方式。但在负债率较高、企业盈利能力较弱的情况下，企业能否取得增量贷款取决于是否有人做担保。

(2) 债转股。这里的债转股是指债务转股本。通常来讲，债转股有两种情况，一种情况是企业资不抵债，要进行债务重组；另一种情况是以前发行了可转债，在一定条件下可以实行债转股。债转股会改善企业的融资能力。

(3) 股东增量入资。这是通过股东投入现金或非现金（土地使用权、其他公司的股权等）方式支持企业的发展。对于非现金入资（比如土地使用权、存货和其他公司的股权等）的情形，我们要特别关注入资过程中相关资产估价的公允性。

(4) 控制权变更、核心人力资源变动等。企业如果出现控制权变更，核心人力资源通常也会发生变化。此时，企业的发展前景可能发生新的变化。但是，控制权变更与否，取决于企业原有控制性股东是否愿意、是否能够实现控制权的转移。

(5) 资产置换。企业为了自身发展还可选择将现有的资产进行置换，使企业完全变换行业。不同行业的盈利能力是不一样的，通过资产置换可以达到提高资产盈利能力的目的。

第 13 章/*Chapter Thirteen*

综合案例分析

本章将提供一个完整的财务状况质量分析的框架，并以格力电器 2015 年度报告为基础进行综合案例分析。

一、企业财务状况质量的综合分析方法

（一）背景分析

在面对一份企业的财务报告（年度报告、半年度报告或季度报告）时，首先应当对该报告进行综合浏览，对企业的经营背景进行概括分析。浏览与分析时应该重点关注企业的基本情况与行业分析、企业自身对经营活动及经营战略的表述、企业竞争环境与竞争优势、政策法规环境带给企业的机会或者制约、企业的控制性股东及其状况、企业发展沿革及主要人力资源状况，等等。

（二）会计分析

我们可以通过关注审计意见的类型与措辞来间接地对企业的会计质量进行分析与判断。需要特别注意的是，不同类型的审计意见蕴含着极为丰富的企业会计质量信息。因此，可以通过分析审计师

的措辞和对相关事项的说明，在整体上对企业财务报表的会计质量作出初步判断，而不必再进行单独的会计分析。

（三）战略视角下的财务分析

1. 财务比率分析

在对企业的财务报告进行综合浏览后，就可以进行初步的财务比率分析。需要重点考察的比率包括：（1）偿债能力比率，包括流动比率、速动比率、杠杆比率、利息保障倍数等；（2）盈利能力比率，包括毛利率、核心利润率、销售净利率、股东权益报酬率、资产报酬率以及每股收益等；（3）营运能力比率，包括商业债权周转率（应该考察应收票据与应收账款合在一起的回收期）、存货周转率、流动资产周转率、固定资产周转率、总资产周转率、经营资产周转率、商业债务（应付票据与应付账款之和）平均付账期等。

在计算出上述主要比率后，就可以进行年度间的相同比率比较，了解企业财务状况的基本情况及其发展趋势。

2. 战略与竞争力分析

第一，以母公司资产负债表为基础，观察资产总规模及其变化，以及导致重大变化的“四大动力”中的哪一个或几个导致了资产的巨大变化。

第二，观察资产总规模中揭示的企业发展或者扩张方面的信息：经营主导型、投资主导型还是并重型？在有控制性投资的条件下，立即确定控制性投资的规模，并对企业控制性投资的扩张效应进行分析。

第三，观察主要资产规模的变化及其方向性含义。

第四，观察主要不良资产区域。主要通过考察企业的资产减值准备来进行。

第五，考察企业的负债与股东权益的结构，分析企业发展的四大动力的结构。

第六，观察流动资产对流动负债的保障。

第七，观察企业负债融资发展的潜力，重点考察企业的金融负债率。

第八，结合企业的母公司资产负债表与合并资产负债表、母公司利润表与合并利润表、母公司现金流量表与合并现金流量表进行分析，对企业集团管理特征、业务关系、管理效率、其他战略信息等进行分析。

(四) 对企业发展前景进行预测

在对企业的财务报表进行全面分析的基础上，就可以对企业的发展前景进行更有方向性的预测。

(1) 以经营资产的盈利能力和产生经营活动现金流量的状况为基础，预测经营活动的前景。

(2) 以投资资产的盈利能力和产生现金流量的状况为基础，预测对外投资活动的前景。

(3) 预测以重组、并购等方式谋求发展的企业的前景。

二、对格力电器 2015 年度财务状况的整体分析

下面，以本书附录提供的格力电器股份有限公司 2015 年度报告的内容为基础，对其财务状况进行分析。

(一) 综合浏览

通过对格力电器 2015 年报部分内容的综合浏览，我们可以了解如下内容：

关于企业所处的行业以及生产经营业绩。从年度报告的有关信息中，我们可以了解到：公司的经营活动是以空调以及家用电器为

主要业务的企业，整体上属于制造业。

2015年度，公司合并报表中营业收入与净利润均下降。与利润相比，企业经营活动产生的现金流量净额相当充裕。

（二）关注审计报告的措辞

注册会计师出具的审计意见是一份无保留意见的审计报告。也就是说，注册会计师认为企业的财务报告符合以下条件：

（1）会计报表的编制符合《企业会计准则》和国家其他财务会计法规的规定。

（2）会计报表在所有重要方面恰当地反映了被审计单位的财务状况、经营成果和资金变动情况。

（3）会计处理方法遵循一致原则。

（4）注册会计师已按照独立审计原则的要求，完成预定的审计程序，在审计过程中未受阻碍和限制。

（5）不存在影响会计报表的重要的未确定事项。

（6）不存在应调整而被审计单位未予调整的重要事项。

（三）基本的财务比率分析

我们以格力电器股份有限公司报表数据（母公司数据）为基础，计算企业的基本财务比率（见表13-1）。

表13-1　　格力电器股份有限公司基本财务比率（2015年）

比率名称	计算公式	分子（元）	分母（元）	比率值
毛利率（%）	毛利/营业收入×100	93 603 741 139.75 −72 014 671 656.89 =21 589 069 482.86	93 603 741 139.75	23.06%
核心利润率（核心利润=毛利−营业税金及附加−销售、管理、财务费用）（%）	核心利润/营业收入×100	93 603 741 139.75 −72 014 671 656.89 −432 775 315.43 −16 128 392 011.95 −2 132 369 143.60 −（−3 317 674 713.24） =6 213 207 725.12	93 603 741 139.75	6.64%

续前表

比率名称	计算公式	分子（元）	分母（元）	比率值
净资产收益率（%）	当年净利润/当年平均净资产×100	5 415 829 921.64	(23 375 801 554.46 +19 755 648 361.37)/2 =21 565 724 957.92	25.11%
总资产报酬率（%）	（当年利润总额＋财务费用）/当年平均资产总额×100	6 349 308 919.25 +(−3 317 674 713.24) =3 031 634 206.01	(136 226 210 551.94 +139 843 307 067.51)/2 =138 034 758 809.72	2.2%
流动比率（倍）	年末流动资产/年末流动负债	120 251 273 397.52	119 624 757 126.22	1.01（倍）
存货周转率（次）	营业成本/平均存货	72 014 671 656.89	(6 628 236 813.58 +8 670 596 377.12)/2 =7 649 416 595.35	9.41（次）
资产负债率（%）	年末负债总额/年末资产总额×100	120 087 658 706.14	139 843 307 067.51	85.87%
金融性负债率（%）	年末金融性负债总额/年末资产总额×100	2 675 363 200.00 +2 403 745 557.37 =2 539 554 378.69	139 843 307 067.51	1.82%
核心利润现金能力比率	经营活动现金流量净额/核心利润	36 892 327 880.56	6 213 207 725.12	5.94（倍）

说明：

1. 计算存货周转率所采用的平均存货数据应该是不扣除减值准备以前的原值。本计算中，尽管相关附注中没有关于母公司存货的资料，但由于合并报表存货附注中的跌价准备较少，因此可以用上市公司资产负债表的存货金额来代替不扣除减值准备以前的原值。这样计算出来的比率不会出现大的失真。

2. 由于无法获得上市公司自身固定资产原值信息，固定资产周转率没有计算。

3. 由于企业属于经营主导型，大量的财务比率分析可以在一定程度上得以应用。

4. 核心利润率、金融性负债率以及核心利润现金能力比率是我第一次与其他比率一起进行分析应用。

除了上述说明以外，需要密切关注的内容还包括：

第一，我国现行的财务信息披露模式是：在主表（利润表）中仅概括性地出现“资产减值损失”，并没有披露计算减值准备的具体结构数额（如在资产负债表中明确列示坏账准备、存货跌价准备的年末和年初数额等），而是在报表附注中单独列示有关减值准备的信息。这种看似概括性强的“集中披露”却为恰当的比率分析设置了极大的障碍。这是因为常规的比率计算一般会直接利用资产负债表中的相关信息，如应收账款、存货、流动资产等。但是，有关周转率指标的计算依据的是计提减值准备以前的原始金额，而不是计提减值准备以后的净额。

第二，某些比率的科学性有待研究，因此在此案例的比率计算中没有进行处理。如应收账款周转率的计算已在前面讨论过了。这里再次提醒：在资产负债表上，与营业收入相对应的项目除了应收账款和应收票据以外，还有预收款项！是三个项目共同推动了本期的营业收入。在本案例中，企业的预收款项的规模较大，意味着预收款项对营业收入的贡献比重较大。在这种情况下，以报表营业收入（没有区分商业债权和预收款项分别推动的营业收入）计算出来的商业债权周转率会有很大失真。此外，此次比率分析没有计算总资产周转率、流动资产周转率，因为母公司的资产中有大量的不支持企业营业收入的资产，如巨额货币资金、长期股权投资等。

第三，直接通过上述计算对企业进行较为全面的分析难度较大。这是因为：其一，我们仅仅计算了企业当年的有关比率，没有计算企业过去若干年的相关比率，因而对企业在年度间有关比率的发展变化情况难以进行分析；其二，我们也没有有关行业同类企业的具有可比性的比率资料，因而不能进行企业间的比较。

尽管如此，我们仍然可以利用上述比率对企业的财务状况进行初步分析：

第一，企业的主要盈利能力指标，主要包括毛利率、核心利润率、净资产收益率、存货周转率等，保持了较高水平。当然，这些指标如果采用合并报表的数据，会更好看。

第二，企业核心利润获取现金的能力较强。母公司经营活动产生的现金流量净额远远大于核心利润。这表明，公司当年核心利润的质量很高。

第三，企业短期偿债能力的指标——流动比率均较低，表面上容易给人以企业的短期偿债能力存在较大问题的印象。但实际上，如果企业的核心利润有较强的产生现金流量的能力，则不论其相关指标如何，企业的短期偿债能力一般不会有大的问题。另外，在企业的流动负债中，预收账款占了一定的比重。而预收账款的偿还是用存货来完成的，且其中还包含了利润成分。因此，企业实际的现金支付压力并没有比率表现得那么大。

第四，关于企业的高资产负债率和低金融性负债率。指标表明，企业的资产负债率为 85.87%，一般认为这是相当高的资产负债率指标。这会给人以企业运用长期负债进一步融资的能力不强的印象。但是，如果我们进一步考察企业的债务结构，就会发现企业债务的主体是经营性负债，且其经营性负债中包含了一定规模的预收款项和相当高的其他流动负债（关于企业高的其他流动负债，我们在后面再行讨论）。

因此，可以这样认为：企业的高经营性负债，是企业业务规模和上下游关系管理上具有竞争力的表现，是企业的竞争优势，而不是风险。

企业的金融性负债率较低，也说明企业负债的风险低。

第五，企业的总资产报酬率相对较低与净资产收益率相对较高并存。这种并存说明，企业总资产中包含了一定规模的不支持企业经营活动或者盈利能力较低的资产，如企业的巨额货币资金。这说明，即使资产自身质量较高，但如果不能对企业的盈利作出贡献，也会恶化企业的总资产报酬率。

通过简单的比率分析和比较，我们得出这样的初步认识：尽管 2015 年企业的营业状况出现了下滑，但企业的盈利能力较强，对负债（包括短期和长期负债）的偿还能力较强，经营资产质量较高。

（四）战略、竞争力与效益的综合分析

1. 扩张战略的识别

下面，我们从母公司资产负债表开始，对企业资产负债表中所包含的战略信息进行揭示。

这部分分析我们在前面已经做过。现在我们再体会一下。

母公司资产总计年初为1 362亿元，年末为1 398亿元，年末比年初略有增加。这说明，企业年度内的资产结构和规模、债务结构和规模等不会出现巨额变化，企业处于正常状态。

母公司的资产结构中，具有投资性质的资产——长期股权投资为68.54亿元，可能具有投资性质的其他应收款和预付款项累加在一起，也仅仅是100亿元多一点，何况其他应收款和预付款项中一定包括部分常规的其他应收款和预付款项。

这说明，该公司为经营主导型企业。

2. 控制性投资占用资源的识别以及控制性投资的扩张效应分析

关于这部分内容，我们在前面已经分析过。企业不足100亿元的控制性投资，实现了超过1∶2的扩张效应。

3. 考察企业主要资产规模的变化及其方向性含义

从母公司的主要资产的变化来看，出现主要变化的项目及其方向性含义为：

（1）货币资金大幅增加。公司的货币资金从年初的565亿元猛增到年末的886亿元。这种增加的资产固然自身质量较高，但处于货币资金状态的资产增值能力注定不高。这不仅对企业的盈利能力难以形成支撑，还会恶化与企业总资产有关的所有盈利能力比率，如总资产报酬率和总资产周转率等。

当然，进一步分析表明，企业的货币资金主要来自经营活动产生的现金流量。这不会引起资金成本问题。

（2）商业债权大幅下降。公司的商业债权（包括应收票据和应收账款）从年初的 503 亿元大幅下降到年末的 171 亿元。这种下降意味着企业年度内的债权回收成效显著。从结构来看，尽管应收账款有所增加，但商业债权的主体仍然是质量较高的应收票据。这说明，企业的债权规模下降的同时，结构仍然是好的。

（3）预付款项大幅上升。公司年度内预付款项大幅上升。结合合并资产负债表的预付款项，我们会发现企业的预付款项主要是支付给了子公司。这种资金流向可以更多地理解为支持子公司的业务发展。合并利润表的净利润远远大于母公司净利润，子公司的整体盈利能力较强。因此，这部分预付款项质量应该是高的。

（4）存货规模快速增加。存货增加 20 亿元以上。考虑到企业当年利润表的营业收入与营业成本均比上年大幅下降，说明本年度的存货流转规模在下降，即存货周转速度在下降。但存货增加也可能是为了迎接即将到来的市场增量而进行的货物准备。

（5）长期股权投资有所增加。长期股权投资增加了约 3 亿元。从年报的相关信息可以看到，这是企业年度内对外进行投资的结果。这种扩张应该反映了企业的发展战略。不过，与公司的整体资产规模相比，扩张的速度似乎并不快。

我们收录到本书附录中的相关信息显示，本年度内投资的企业中，有两个企业处于亏损状态。这对于刚刚投入运营的企业而言是很正常的。

4. 考察主要不良资产区域

谈到不良资产，我们往往会关注企业应收账款中的坏账、存货中的呆滞和减值的资产、其他应收款中费用化或者坏账的部分、长期股权投资中盈利能力较差或亏损的部分、闲置固定资产、不需用固定资产等。

一般而言，企业的不良资产已经计提了资产减值准备。因此，本年度新增的不良资产及其结构可以通过考察企业利润表中的资产减值准备来进行。

公司利润表显示，本年度资产减值损失为负数，说明企业并没有因为对资产进行减值处理而减少利润。这说明，企业资产整体质量较高。

5. 对企业发展的“四大动力”的分析

考察一下企业自身的资产负债表的负债与股东权益部分，我们就会发现：

（1）关于金融性负债。企业的负债中，金融性负债仅有约50亿元的短期借款和一年内到期的非流动负债。这个规模与其负债总额约1 200亿元相比，是很小的一部分。

（2）关于经营性负债。企业的债务构成中，常规的经营性负债项目应付票据、应付账款、预收款项整体规模呈现出扩大的态势。这一方面反映了企业“两头吃”的能力，另一方面，正是这部分负债支撑起了企业的日常经营活动所需的资金。

需要特别注意的是，在企业的流动负债中，有一个数额特别巨大的项目——其他流动负债。我把企业合并报表其他流动负债的具体结构收录到了本书附录中。读者可以看一下，企业其他流动负债的主体是企业计提“销售返利”。而这个规模在近几年处于快速上升期。

我们暂时不用讨论这种销售返利计提的基础和恰当性。从其性质来看，其他流动负债属于经营性负债。

这就是说，经营性负债是企业发展的主要财务动力。

（3）关于股东入资。企业股东的入资将计入股本和资本公积。虽然股本和资本公积整体的规模变化并不一定是股东入资的结果（比如，企业利润分配采用股票股利的方式、企业回购自己的股份并产生盈利或者亏损等，均属于非股东入资性质的变化），但是，在动力机制分析中，考察股本和资本公积的基本规模占负债和股东权益的比重就可以说明问题。

从规模看，企业的股本和资本公积之和在2015年12月31日不足62亿元。这个规模同其负债与股东权益的总规模相比是很小的一部分。

（4）关于利润积累。企业的利润积累对资源的贡献体现在盈余公积和未分配利润上。企业在2015年12月31日的盈余公积和未分配利润的规模之和约为136亿元。

总结一下，按照企业发展的四大财务动力的贡献排序如下：经营性负债、利润积累、股东入资和金融性负债。

这表明，企业发展的财务动力既不依赖于债务性融资，也不依赖于股东入资，而是靠自己在长期的经营过程中所确立的市场地位及其带来的市场经营性资源（利润积累也应该归因于此）。

6. 企业流动资产对流动负债的保障分析

我们在本章前面讨论财务比率中的流动比率时看到，企业的流动比率不高，但不能据此认为企业流动资产对流动负债的保证程度不足。

结合该企业资产负债表的具体情况，我们应该关注的是：第一，企业的流动资产中，货币资金的规模和占比相当高，这为流动负债的保证奠定了基础；第二，企业的商业债权中，应收票据占主导地位，保持了债权回收的高质量；第三，流动负债中的预收款项（包含不用立即偿付的毛利）在一定程度上夸大了企业的实际负债；第四，以空调销售返利为主要内容且持续不断增长的其他流动负债的主体似乎并不需要立即清偿。

因此，企业的流动资产对流动负债的保障程度是高的。

我们还可以进一步认为，高规模且以经营性负债为主的流动负债不是企业的风险，而是企业竞争力的表现。

7. 企业负债融资发展的潜力分析

直观地看，企业的负债率比较高，负债融资发展的空间比较小。但是，如果关注下面这几个方面的问题，我们可能就有另外的认识了。

第一，企业的金融性负债率很低。

第二，企业核心利润产生的经营现金流量非常充足，不仅远远大于核心利润，还远远大于企业当年现金流量表中的投资活动现金流出量的规模。这说明，企业的对内对外扩张完全可以不依赖融资。以现有的发展来看，企业根本没有融资需求。

第三，企业的实际负债率根本不高。我们在前面已经提及，企业流动负债的一个主要项目不是应付票据，不是应付账款，更不是预收款项，而是其他流动负债！而其他流动负债的主体竟然是空调销售返利。

截至2015年12月31日，企业计提的归入其他流动负债项下的空调销售返利已经达到530亿元。如果读者考察这个项目在过去几年的变化，就会发现，自2012年以来，企业计提的反映在其他流动负债中的空调销售返利逐年增加。会计学原理告诉我们：如果企业各个年度计提的空调销售返利比较恰当，企业的其他流动负债中的空调销售返利的规模不会持续增长。而这个项目持续增长的原因只有一个：各年计提的销售返利多，而实际支付出去的返利少。

因此可以说，企业的其他流动负债中的空调销售返利可能在较长时间内根本不用对外支付。如果最终不用对外支付，这部分计提的销售返利就是企业的累积利润的另外一种存在方式。

因此，企业即使需要融资支持投资，也仍然有贷款能力。

8. 其他分析

(1) 企业集团管理特征与业务关系。

第一，从资产结构的角度考察企业集团的管理特征与业务关系。比较一下公司资产与合并资产的结构关系，我们很容易发现：子公司（当然是一批而不是一个）拥有远远高于母公司的固定资产、在建工程和无形资产。这表明，企业的子公司大多拥有较为完整的生产经营体系。

另一方面，我们却发现：合并报表的应收票据与应收账款之和以及存货与公司相应项目的增量并不大。这说明，整个集团通过母公司对外销售是业务的主要销售方式，企业单独对外销售的规模并不大。这意味着，某些子公司可能为上市公司提供配套的部件或者配件。

第二，从利润表的结构的角度考察企业集团的管理特征与业务关系。比较一下公司利润表与合并利润表的关系，我们很容易发现：合并营业收入与母公司的营业收入相比增加得并不多——不足 70 亿元。这验证了我们刚刚进行的分析：企业对外销售的主体是母公司。

我们还会看到：合并营业成本比母公司的营业成本还少！这是什么情况？这是由于某些子公司主要是为上市公司提供配套的部件

或者配件。在子公司销售产品并有毛利的情况下，合并营业成本就可能小于母公司营业成本。

这从一个侧面说明，企业的多元化程度并不高。

本书附录中，关于企业营业收入的结构展示证明了这一点：企业的空调业务占据绝对地位。

第三，从销售费用与管理费用的结构差异的角度考察企业销售活动与管理活动的组织。

比较一下公司利润表与合并利润表的关系，我们还会发现：整个集团内的销售费用主要发生在母公司即上市公司，表明企业的营销活动的组织主要集中在母公司；子公司整体管理费用的规模超过了母公司，表明子公司发生了与子公司管理层相关的相当规模的诸如高管薪酬、研发支出、固定资产折旧等费用。

（2）关于企业在业务出现大幅下滑情况下净利润实现有限下降的原因。在进行分析之前，我先把格力电器2015年度报告发布前的一些情况回忆一下。

从2015年下半年开始，坚信格力电器的营业收入会有所下降的声音一直持续到2016年4月底。在这个过程中，格力电器也很“配合”：在以前年度，格力电器的年报披露时间往往是在4月上旬，推迟到4月底并不多见。而格力电器2015年度报告直到2016年4月底才予以披露。

我是在2016年“五一”期间首先看到了评论。有的媒体评论说：格力电器在2015年度实现了营业收入和净利润（这些数据当然来自合并利润表）的双下降。营业收入下降了将近400亿元，净利润下降了16亿元。

我当时并没有看到企业的年度报告。但看到这个评论，我就想：

在营业收入下降 400 亿元的情况下，企业的净利润居然只下降了 10 多亿元。企业的实际盈利能力不但没有下降，反而在提高。

后来，在看到企业的年度报告后，我的认识又有了变化：企业的盈利能力并没有显著变化，企业处于一种正常的盈利状态。为什么这样说呢？（由于是整体分析，下面的分析以合并报表为基础。）

第一，考察企业的毛利率。合并报表的毛利率上年约为 37%，本年约为 34%。尽管有所下降，但考虑到本年度的营业成本规模下降，企业市场上的销售规模下降，营业成本分摊的折旧上升等因素，企业毛利率下降是很正常的。

这说明，企业产品的初始盈利能力是相当强的。

在企业保持较高的毛利率，且本年的营业收入为 1 005 亿元还能够盈利的情况下，营业额下降将近 400 亿元，利润往往会以下降的营业收入所包含的毛利的规模下降。也就是说，企业的利润总额（毛利会直接影响营业利润和利润总额，而不是净利润）应该下降 130 多亿元。但企业合并利润总额仅仅下降了 18 亿元。

这说明，在利润总额的项目构成上，有的项目出现了异常变化。

第二，考察企业利润表除营业成本以外的各个其他项目是否出现异常变化。

我们很快发现，企业的销售费用、财务费用、公允价值变动收益、投资收益、营业外收入等均有显著变化。

在这里，我们只关注重大异常的两个项目：

1）销售费用下降约 133 亿元。显然，正是销售费用的下降抵御了企业因毛利的下降对企业利润的冲击！企业对此变化的解释是："主要是收入减少、相关的销售费用减少所致。"关键问题是：对于市场竞争态势明显的企业而言，会由于营业收入下降而减少销售费用的投放吗?

更巧的是，企业销售费用的下降与毛利的下降非常接近，为130多亿元。这样，本年度营业规模下降基本不会对营业利润产生大的影响。

至于这种变化的原因，如果结合我们在前面提到的关于其他流动负债中空调销售返利各个年度的变化及其与销售费用的关系，可以作出判断：企业的销售费用的变化，除了常规发生额外，似乎还与空调销售返利是否计提以及在特定年度计提多少直接相关。

2）营业外收入。我们曾经讨论过，企业的营业外收入的两个主要来源是处置非流动资产利得和政府补助。本书附录展示的是，格力电器在本年度的营业外收入的主体是政府补助。看来，即使是盈利能力极强的企业，也有获得政府补助的项目。

第三，考察合并报表的核心利润产生现金流量（核心利润的质量）的能力。关于这一点，我们根本就不用计算了，读者看一下合并利润表及合并现金流量表：企业的核心利润获得了相当高的经营净现金。

因此，完全可以说：企业的盈利能力处于正常的状态。与以前所不同的是营业收入的下降，比以前更好的是核心利润的现金能力的提升。

（3）其他需要关注的方面。

第一，企业货币资金规模过高问题。不论是母公司资产负债表还是合并资产负债表，货币资金的规模和占总资产的比重均比较高。从到现在为止对格力电器的分析中，我们已经知道，除了少量的贷款外，企业现金存量主要是经营活动带来的。这种途径获得的货币资金，虽然不会产生财务费用，但会影响企业的总资产周转率、总资产报酬率等指标。

第二，关于企业整体发展与扩张的财务动力。不论是母公司现金流量表还是合并现金流量表，均有一种基本关系：企业的经营活动产生的现金流量净额远远高于当期的投资活动现金流出量。这意味着，企业不融资就可以实现常规发展与一般性扩张。这是一种非常高的财务境界。能够做到的企业并不多见。

第三，关于企业的非需求性贷款问题。尽管我们一再强调企业利润获得现金流量的能力极强，企业完全可以不通过融资来实现常规发展与扩张，但不论是母公司报表还是合并报表（资产负债表和现金流量表），企业均有一定的贷款。现金流量表反映出来的情况表明，企业自身和子公司的贷款还比较活跃。

这是为什么呢？明明自身没有资金需求，为什么还要贷款呢？这恐怕要从企业所面临的融资环境入手去分析了。

在某种情况下，尤其是到年底，一些银行总会到不需要资金的企业那里，希望企业贷款。当然，这种条件下企业的融资成本可能很低或者为零。但对于相关银行来讲，优质的企业贷款会改善银行的债权结构。一些企业因此存在不需要资金的贷款情形。

（五）对企业财务状况质量的总体评价

综合上述分析，我们可以对企业整体的财务状况作出如下基本判断：

就企业的发展战略而言，企业走的是经营主导的发展战略，且对外控制性投资不论是规模还是盈利能力均比较理想；在运用的资源方面，企业发展所依赖的资源主要是经营性负债带来的资源，企业“两头吃”能力极强。

就业务结构来说，企业的专业化程度依然很高。与之相对应，其多元化程度并不高。

就竞争力和盈利能力而言，企业的母、子公司经营资产均有相当强的盈利能力，且经营性资产周转比较正常。在营业收入比上年出现大幅下降的情况下，企业净利润与上年相比下降幅度并不大。不论是母公司报表还是合并利润表，都表明企业的整体经营资产规模在扩大，主营业务在行业的竞争力得以保持。

就现金流转状态而言，企业的现金流转是相当顺畅的。这种顺畅，一方面是由于企业的核心利润带来了较大的经营活动净现金流量，另一方面是由于企业的投资活动不活跃，增量扩张资金需求不多。

就企业的资产总体状况而言，企业整体资产质量完全可以满足企业的经营活动需要，且有较强的盈利性、变现性和周转性。企业没有明显的不良资产占用。企业资产满足债务的能力较强。

（六）对企业发展前景的预测

以前面分析的企业财务状况质量为基础，我们就可以对企业的未来发展进行财务预测。

1. 强化经营活动的盈利能力

我们已经看到，企业的各项经营资产（如应收账款和应收票据、存货、固定资产、无形资产等）均处于较好的状态。上述资产的有机结合已经产生了较好的财务业绩。

从未来的发展来看，需要解决的问题主要是：第一，继续提高固定资产的利用率，尽力缩短在建工程（尤其是子公司在建工程）转化为固定资产的时间，将其尽快投入使用。同时改善产品的毛利率结构，以提升综合盈利能力。第二，改变企业销售的产品的结构，提升企业的综合毛利率。第三，加快存货周转速度，降低存货占用资金。第四，尽可能降低现金存量，减少不必要的非经营性占用。

2. 通过长期股权投资实现更广泛的多元化

企业现有的投资已经具有相当强的盈利能力，而且整个企业集团现有的大多数核心利润获取现金流量的能力极强。但是，企业之所以在2015年出现营业收入下滑，主要原因是企业的多元化程度不高，过度依赖于空调业务。

因此，如果企业希望在未来每年营业收入保持一定规模的增长，实现更广泛的多元化是必然的途径。

实现更广泛的多元化并能够迅速为企业的营业收入作出贡献，可行的途径是控股并购。

至于并购所需要的资源，除了企业现有的账面上的几百亿元现金可用外，企业还可以通过融资方式来解决。注意，我们曾经分析过，企业的实际负债率并不高。

3. 以融资能力的改善来提升企业的整体盈利能力

我们已经说过，企业现有的资产负债率表面很高，但实际上并不高。因此，单纯地以企业现有资产为基础进行债务融资仍有空间。如果企业进行融资，我认为在未来一段时间内应该以债务融资为主。从长期发展的观点来看，公司应该在确立投资方向的基础上，考虑权益资本融资（即通过证券市场募集权益资本，或者将某些企业的经营资产注入上市公司，同时作为权益资本的增加）和债务资本融资相结合的方式，保持恰当的资产负债率，以扩大企业的经营规模，增强综合盈利能力。

附　录

APPENDIX

本部分收录的是在本书最后一章分析所用的案例资料。

格力电器股份有限公司
2015 年度报告部分内容

一、主要财务报表

（一）资产负债表

编制单位：格力电器股份有限公司　　　　　　　　　　　　单位：人民币元

	2015-12-31	2015-12-31	2014-12-31	2014-12-31
报告期	年报	年报	年报	年报
报表类型	合并报表	母公司报表	合并报表	母公司报表
流动资产：				
货币资金	88 819 798 560.53	88 680 099 321.27	54 545 673 449.14	56 549 689 744.49

续前表

	2015-12-31	2015-12-31	2014-12-31	2014-12-31
报告期	年报	年报	年报	年报
报表类型	合并报表	母公司报表	合并报表	母公司报表
应收票据	14 879 805 537.96	13 754 447 428.79	50 480 571 355.46	49 431 835 044.64
应收账款	2 879 212 111.93	3 416 105 149.73	2 661 347 628.69	867 519 605.52
预付款项	847 929 149.71	3 634 956 003.75	1 591 487 357.94	2 372 298 627.17
应收利息	1 109 776 449.77	1 477 241 737.32	1 242 145 987.65	1 444 828 732.56
其他应收款	254 016 643.00	574 622 000.79	380 598 514.05	690 428 604.35
买入返售金融资产	1 000 000 000.00			
存货	9 473 942 712.51	8 670 596 377.12	8 599 098 095.97	6 628 236 813.58
其他流动资产	1 684 833 479.54	43 205 378.75	558 378 915.97	85 535 051.53
流动资产合计	120 949 314 644.95	120 251 273 397.52	120 143 478 823.10	118 154 549 742.07
非流动资产：				
发放贷款及垫款	7 872 619 001.46		6 441 703 560.98	
可供出售金融资产	2 704 719 177.56		2 150 098 933.13	
长期股权投资	95 459 187.55	6 854 879 074.54	92 213 098.24	6 537 975 197.84
投资性房地产	491 540 849.66	31 569 857.77	507 901 502.13	32 814 796.21
固定资产	15 431 813 077.20	3 986 232 943.74	14 939 279 647.88	3 644 985 397.40
在建工程	2 044 837 830.02	45 748 249.58	1 254 347 204.10	19 774 148.54
固定资产清理	22 010 122.57	8 704 526.44	7 721 410.44	5 719 971.02
无形资产	2 656 143 811.74	223 794 602.31	2 480 294 029.03	230 278 938.39
长期待摊费用	8 182 375.95		20 948 267.49	
递延所得税资产	8 764 376 136.27	8 077 471 456.41	8 192 962 003.36	7 600 112 360.47
其他非流动资产	657 000 100.13	363 632 959.20		
非流动资产合计	40 748 701 670.11	19 592 033 669.99	36 087 469 656.78	18 071 660 809.87
资产总计	161 698 016 315.06	139 843 307 067.51	156 230 948 479.88	136 226 210 551.94

续前表

	2015-12-31	2015-12-31	2014-12-31	2014-12-31
报告期	年报	年报	年报	年报
报表类型	合并报表	母公司报表	合并报表	母公司报表
流动负债：				
短期借款	6 276 660 136.03	2 675 363 200.00	3 578 773 331.48	
应付票据	7 427 635 753.74	7 237 386 266.55	6 881 963 087.81	5 999 909 205.58
应付账款	24 794 268 372.47	40 616 067 475.26	26 784 952 481.63	36 838 580 264.43
预收款项	7 619 598 042.86	7 427 598 204.97	6 427 722 358.11	8 524 176 232.97
应付职工薪酬	1 697 282 605.51	875 567 613.73	1 550 498 218.68	799 500 790.48
应交税费	2 977 801 480.55	2 507 553 404.63	8 308 872 126.00	7 188 383 987.01
应付利息	48 386 709.75	8 418 174.57	36 177 925.90	2 054 740.94
应付股利	707 913.60	602 881.87	707 913.60	602 881.87
其他应付款	2 607 601 936.21	610 537 718.98	2 546 377 288.42	574 663 407.65
一年内到期的非流动负债	2 403 745 557.37	2 403 745 557.37	2 061 490 867.16	1 571 943 705.56
其他流动负债	55 007 851 867.48	55 170 845 529.23	48 585 312 868.93	48 688 587 593.39
其他金融类流动负债	574 612 235.82		1 409 970 124.48	
流动负债合计	112 625 180 977.76	119 624 757 126.22	108 388 522 088.33	110 188 402 809.88
非流动负债：				
长期借款			2 258 969 252.88	2 258 969 252.88
长期应付职工薪酬	127 518 492.00	127 518 492.00	106 716 248.00	106 716 248.00
递延所得税负债	244 136 559.35	221 586 260.60	256 846 691.62	229 362 324.98
递延收益—非流动负债	134 571 708.03	113 796 827.32	88 443 188.87	66 958 361.74
非流动负债合计	506 226 759.38	462 901 579.92	2 710 975 381.37	2 662 006 187.60
负债合计	113 131 407 737.14	120 087 658 706.14	111 099 497 469.70	112 850 408 997.48
所有者权益（或股东权益）：				
实收资本（或股本）	6 015 730 878.00	6 015 730 878.00	3 007 865 439.00	3 007 865 439.00

续前表

	2015-12-31	2015-12-31	2014-12-31	2014-12-31
报告期	年报	年报	年报	年报
报表类型	合并报表	母公司报表	合并报表	母公司报表
资本公积	185 950 626.71	190 973 495.25	3 191 266 065.71	3 198 838 934.25
其他综合收益	−124 928 526.03	−54 758 221.50	17 746 707.54	−42 371 423.77
盈余公积	3 499 671 556.59	3 497 114 024.31	2 958 088 564.43	2 955 531 032.15
一般风险准备	207 764 066.72		136 364 066.72	
未分配利润	37 737 187 489.78	10 106 588 185.31	34 841 323 981.28	14 255 937 572.83
归属于母公司所有者权益合计	47 521 376 091.77	19 755 648 361.37	44 152 654 824.68	23 375 801 554.46
少数股东权益	1 045 232 486.15		978 796 185.50	
所有者权益合计	48 566 608 577.92	19 755 648 361.37	45 131 451 010.18	23 375 801 554.46
负债和所有者权益总计	161 698 016 315.06	139 843 307 067.51	156 230 948 479.88	136 226 210 551.94

（二）利润表

编制单位：格力电器股份有限公司　　单位：人民币元

	2015-12-31	2015-12-31	2014-12-31	2014-12-31
报告期	年报	年报	年报	年报
报表类型	合并报表	母公司报表	合并报表	母公司报表
一、营业总收入	100 564 453 646.56	93 603 741 139.75	140 005 393 975.58	130 386 872 511.80
营业收入	97 745 137 194.16	93 603 741 139.75	137 750 358 395.70	130 386 872 511.80
其他业务收入（金融类）	2 819 316 452.40		2 255 035 579.88	
减：营业总成本	86 134 609 086.80	87 386 842 199.46	123 258 979 560.09	121 915 985 577.71
营业成本	66 017 353 745.09	72 014 671 656.89	88 022 127 671.48	91 513 904 545.52
营业税金及附加	751 894 199.95	432 775 315.43	1 362 424 851.83	926 927 025.43
销售费用	15 506 341 694.21	16 128 392 011.95	28 889 995 658.43	29 127 545 268.62
管理费用	5 048 746 635.48	2 132 369 143.60	4 818 168 572.74	2 276 709 422.04
财务费用	−1 928 797 250.18	−3 317 674 713.24	−942 244 684.38	−1 939 847 457.08

续前表

	2015-12-31	2015-12-31	2014-12-31	2014-12-31
报告期	年报	年报	年报	年报
报表类型	合并报表	母公司报表	合并报表	母公司报表
资产减值损失	86 317 962.76	−3 691 215.17	398 417 165.92	10 746 773.18
其他业务成本（金融类）	652 752 099.49		710 090 324.07	
其他经营收益	−913 667 579.22	−3 810 371.53	−657 187 134.47	−274 377 558.12
公允价值变动净收益	−1 010 322 499.17	−175 248 617.29	−1 381 551 572.38	−832 188 505.49
投资净收益	96 654 919.95	171 438 245.76	724 364 437.91	557 810 947.37
其中：对联营企业和合营企业的投资收益	3 246 089.30	3 246 089.30	−3 600 894.26	−3 600 894.26
二、营业利润	13 516 176 980.54	6 213 088 568.76	16 089 227 281.02	8 196 509 375.97
加：营业外收入	1 404 291 659.85	136 619 359.37	706 063 784.96	63 071 370.44
减：营业外支出	11 049 178.36	399 008.88	42 860 380.20	1 924 639.82
其中：非流动资产处置净损失	9 118 859.43	370 704.12	15 064 547.24	1 187 459.35
三、利润总额	14 909 419 462.03	6 349 308 919.25	16 752 430 685.78	8 257 656 106.59
减：所得税	2 285 686 841.81	933 478 997.61	2 499 475 873.82	1 177 652 507.47
四、净利润	12 623 732 620.22	5 415 829 921.64	14 252 954 811.96	7 080 003 599.12
减：少数股东损益	91 289 802.56		97 787 582.60	
归属于母公司所有者的净利润	12 532 442 817.66	5 415 829 921.64	14 155 167 229.36	7 080 003 599.12
加：其他综合收益	−139 722 316.44	−12 386 797.73	21 182 412.93	−68 290 498.03
五、综合收益总额	12 484 010 303.78	5 403 443 123.91	14 274 137 224.89	7 011 713 101.09
减：归属于少数股东的综合收益总额	94 242 719.69		101 895 800.76	
归属于母公司普通股东综合收益总额	12 389 767 584.09	5 403 443 123.91	14 172 241 424.13	7 011 713 101.09

（三）现金流量表

编制单位：格力电器股份有限公司　　　　单位：人民币元

	2015-12-31	2015-12-31	2014-12-31	2014-12-31
报告期	年报	年报	年报	年报
报表类型	合并报表	母公司报表	合并报表	母公司报表
一、经营活动产生的现金流量				
销售商品、提供劳务收到的现金	110 918 320 884.07	100 825 366 279.54	85 534 451 083.44	81 121 907 908.96
收到的税费返还	1 237 326 987.91	1 159 795 819.86	511 576 234.70	439 259 771.97
收到其他与经营活动有关的现金	4 682 640 196.09	3 402 282 409.75	2 134 366 849.23	2 044 956 873.73
经营活动现金流入（金融类）	1 958 220 055.57		2 359 574 778.46	
经营活动现金流入小计	118 796 508 123.64	105 387 444 509.15	90 539 968 945.83	83 606 124 554.66
购买商品、接受劳务支付的现金	42 541 255 260.22	48 637 706 510.04	38 816 900 119.58	46 433 067 550.09
支付给职工以及为职工支付的现金	5 590 514 442.03	2 254 402 964.71	5 730 237 588.82	2 108 619 806.11
支付的各项税费	13 773 887 181.66	9 328 346 895.14	13 334 358 630.39	8 867 754 724.24
支付其他与经营活动有关的现金	10 435 185 083.90	8 274 660 258.70	9 270 454 516.96	6 201 781 599.39
经营活动现金流出（金融类）	2 077 284 328.15		4 448 852 582.35	
经营活动现金流出小计	74 418 126 295.96	68 495 116 628.59	71 600 803 438.10	63 611 223 679.83
经营活动产生的现金流量净额	44 378 381 827.68	36 892 327 880.56	18 939 165 507.73	19 994 900 874.83
二、投资活动产生的现金流量				
收回投资收到的现金	950 000 000.00		660 000 000.00	
取得投资收益收到的现金	84 643 291.79	28 941 374.91	44 701 122.29	31 332 303.10

续前表

	2015-12-31	2015-12-31	2014-12-31	2014-12-31
报告期	年报	年报	年报	年报
报表类型	合并报表	母公司报表	合并报表	母公司报表
处置固定资产、无形资产和其他长期资产收到的现金净额	1 228 803.43	154 720.00	2 486 624.00	1 516 760.00
处置子公司及其他营业单位收到的现金净额			1 754 209.96	6 986 414.44
收到其他与投资活动有关的现金	143 435 881.62	143 435 881.62	661 065 307.05	507 637 912.96
投资活动现金流入小计	1 179 307 976.84	172 531 976.53	1 370 007 263.30	547 473 390.50
购建固定资产、无形资产和其他长期资产支付的现金	2 884 513 074.71	1 005 797 949.58	1 777 308 642.20	349 976 946.59
投资支付的现金	2 832 663 335.62	220 000 000.00	2 330 499 916.33	253 000 000.00
支付其他与投资活动有关的现金	175 286 430.99		124 336 597.02	
投资活动现金流出小计	5 892 462 841.32	1 225 797 949.58	4 232 145 155.55	602 976 946.59
投资活动产生的现金流量净额	−4 713 154 864.48	−1 053 265 973.05	−2 862 137 892.25	−55 503 556.09
三、筹资活动产生的现金流量				
取得借款收到的现金	10 096 926 967.84	8 361 061 000.00	10 376 654 773.19	6 321 749 791.33
收到其他与筹资活动有关的现金	1 257 485 012.71	1 257 485 012.71	235 620 087.87	235 620 087.87
筹资活动现金流入小计	11 354 411 980.55	9 618 546 012.71	10 612 274 861.06	6 557 369 879.20
偿还债务支付的现金	9 512 423 538.15	7 098 162 324.08	7 800 683 084.65	4 961 710 236.95
分配股利、利润或偿付利息支付的现金	9 525 010 447.46	9 444 887 252.27	4 675 905 628.06	4 607 076 863.78
筹资活动现金流出小计	19 037 433 985.61	16 543 049 576.35	12 476 588 712.71	9 568 787 100.73
筹资活动产生的现金流量净额	−7 683 022 005.06	−6 924 503 563.64	−1 864 313 851.65	−3 011 417 221.53

续前表

	2015-12-31	2015-12-31	2014-12-31	2014-12-31
报告期	年报	年报	年报	年报
报表类型	合并报表	母公司报表	合并报表	母公司报表
四、汇率变动对现金的影响	1 876 340 773.99	1 733 758 931.75	34 574 285.65	38 392 791.70
五、现金及现金等价物净增加额	33 858 545 732.13	30 648 317 275.62	14 247 288 049.48	16 966 372 888.91
期初现金及现金等价物余额	43 506 471 113.09	50 371 823 085.36	29 259 183 063.61	33 405 450 196.45
期末现金及现金等价物余额	77 365 016 845.22	81 020 140 360.98	43 506 471 113.09	50 371 823 085.36

注：注册会计师对财务报表出具的是标准无保留意见审计报告。

二、其他相关资料

(一) 公司基本情况

本公司前身为珠海市海利冷气工程股份有限公司，1989 年经珠海市工业委员会、中国人民银行珠海分行批准设立，1994 年经珠海市体改委批准更名为珠海格力电器股份有限公司（以下简称本公司或公司），1996 年 11 月 18 日经中国证券监督管理委员会证监发字〔1996〕321 号文批准于深圳证券交易所上市，注册资本为 6 015 730.00 元。

本公司属家电行业，主要产品或服务为生产销售空调器及其配件和小家电及其配件。营业范围包括：货物、技术的进出口（法律、行政法规禁止的项目除外；法律、行政法规限制的项目须取得许可后方可经营）；制造、销售泵、阀门、压缩机及类似机械，风机、包装设备等通用设备，电机，输配电及控制设备，电线、电缆、光缆及电工器材，家用电力器具；批发机械设备、五金交电及电子产品；

零售家用电器及电子产品。

本公司的母公司是珠海格力集团有限公司，最终控制人是珠海市国有资产监督管理委员会。

（二）年度报告中的部分内容

1. 行业概况

据产业在线数据，受整体经济下行压力，2015 年国内生产家用空调 10 385 万台，同比下降 12%；累计销售 10 660 万台，同比下降 8.6%。家用空调中，变频能效一级总销量 73 万台（套），同比增长 623.1%。

2. 公司经营分析

2015 年，在家电行业整体增速下滑的大环境下，公司也进入调整转型关键年，全年实现营业总收入 1 005.64 亿元，较上年下降 28.17%；实现归属上市公司股东净利润 125.32 亿元，较上年下降 11.46%；但公司着力转型，主导产品升级，提升内部管理，严控实抓费用、成本，并受益于原材料价格相对稳定，公司的盈利能力进一步得到提升，公司的净利润率由 2014 年的 10.18% 提升到 12.55%，较上年提升了 2.37 个百分点，盈利能力多年来列行业前茅。

（三）主营业务构成情况

1. 营业收入构成（单位：人民币元）

项目	2015 年		2014 年		同比增减
	金额	占营业收入比重	金额	占营业收入比重	
营业收入合计	97 745 137 194.16	100%	137 750 358 395.70	100%	−29.04%
分行业					
家电制造	87 930 981 568.34	89.96%	122 745 036 614.31	89.11%	0.85%

续前表

项目	2015 年		2014 年		同比增减
	金额	占营业收入比重	金额	占营业收入比重	
其他业务	9 814 155 625.82	10.04%	15 005 321 781.39	10.89%	−0.85%
分产品					
空调	83 717 936 071.67	85.65%	118 719 140 613.15	86.18%	−0.53%
生活电器	1 522 676 680.86	1.56%	1 786 123 170.24	1.30%	0.26%
其他	2 690 368 815.81	2.75%	2 239 772 830.92	1.63%	1.12%
分地区					
内销	74 596 089 512.78	76.32%	108 934 550 640.47	79.08%	−2.76%
外销	13 334 892 055.56	13.64%	13 810 485 973.84	10.03%	3.61%

2. 营业成本构成（单位：人民币元）

项目	2015 年		2014 年		同比增减
	金额	占营业收入比重	金额	占营业收入比重	
原材料	9 475 367 352.33	86.20%	65 276 720 863.83	87.34%	−1.14%
人工工资	2 857 770 151.94	4.98%	3 231 410 467.98	4.32%	0.66%
折旧	718 107 626.91	1.25%	698 292 252.30	0.93%	0.32%
能源	530 054 999.43	0.92%	598 190 975.58	0.80%	0.12%

3. 费用变化

	2015 年	2014 年	同比增减	重大变化说明
销售费用	15 506 341 694.21	28 889 995 658.43	−46.33%	主要是收入减少、相关的销售费用减少所致
管理费用	5 048 746 635.48	4 818 168 572.74	4.79%	
财务费用	−1 928 797 250.18	−942 244 684.38	104.70%	主要是汇兑收益增加所致

（四）本期新纳入合并范围的子公司——设立子公司

公司名称	股权取得方式	股权取得时点	认缴出资额（万元）	实缴出资额（万元）	出资比例（%）	期末净资产（万元）	本期净利润（万元）
芜湖格力精密制造有限公司	设立	2015 年 3 月	3 000	3 000	100	2 711.13	－288.87
珠海格力智能装备有限公司	设立	2015 年 9 月	10 000	10 000	100	9 821.45	－178.55
珠海横琴格力商业保理有限公司	设立	2015 年 12 月	5 000	5 000	100	5 000	
格力暖通制冷设备（武汉）有限公司	设立	2015 年 12 月	4 000		100		
格力智能装备（武汉）有限公司	设立	2015 年 12 月	8 000		100		
珠海格力智能装备技术研究院有限公司	设立	2015 年 12 月	5 000		100		

（五）主要子公司及对公司净利润影响达 10% 以上的参股公司情况（单位：人民币元）

公司名称	公司类型	主要业务	注册资本	总资产	净资产	营业收入	营业利润	净利润
珠海格力集团财务有限责任公司	子公司	金融服务	1 500 000 000	54 153 883 181.52	3 446 418 592.46	2 852 036 700.04	790 485 266.19	592 829 933.87
格力电器（重庆）有限公司	子公司	空调制造	230 000 000	5 496 028 257.12	4 009 513 330.96	6 668 782 311.95	409 247 815.66	367 278 130.36
珠海格力电工有限公司	子公司	漆包线制造	169 315 586	3 266 052 370.62	453 200 060.58	3 783 644 674.30	53 548 016.78	52 698 121.23
珠海凯邦电机制造有限公司	子公司	电机制造	82 000 000	2 036 041 593.82	840 894 769.49	2 836 518 367.87	222 066 468.20	210 427 657.53
格力电器（合肥）有限公司	子公司	空调制造	150 000 000	12 541 359 792.94	7 774 853 087.25	15 027 945 592.25	1 145 834 251.05	1 072 984 452.84
格力电器（中山）小家电制造有限公司	子公司	小家电制造	30 000 000	500 210 948.62	253 315 315.76	849 416 634.41	42 871 301.82	29 067 855.10
珠海凌达压缩机有限公司	子公司	压缩机制造	93 030 000	9 549 881 581.15	6 074 823 926.46	9 889 260 042.31	1 309 363 408.05	1 182 726 165.71
格力电器（郑州）有限公司	子公司	空调制造	20 000 000	4 871 712 990.81	2 632 277 331.65	8 897 063 489.76	771 668 020.49	1 026 342 419.54
格力电器（武汉）有限公司	子公司	空调制造	10 000 000	4 607 012 000.05	2 061 460 088.63	8 083 740 291.47	658 957 017.79	637 733 230.31
格力电器（芜湖）有限公司	子公司	空调制造	20 000 000	3 451 805 800.53	1 136 761 885.72	5 978 722 208.81	461 269 371.86	474 353 919.50
格力电器（石家庄）有限公司	子公司	空调制造	100 000 000	2 747 247 720.97	1 011 572 274.63	4 998 814 071.77	248 386 411.45	266 478 760.87

(六) 合并报表部分注释

1. 其他流动负债（单位：人民币元）

项目	期末数	期初数
安装维修费	1 687 646 974.96	1 834 570 397.52
销售返利	53 049 708 823.35	46 658 544 443.77
套期工具公允价值	43 442 850.00	49 990 204.44
其他	227 053 219.17	42 207 823.20
合计	55 007 851 867.48	48 585 312 868.93

2. 投资收益（单位：人民币元）

项目	本期数	上期数
权益法核算的长期股权投资收益	3 246 089.30	−3 600 894.26
处置长期股权投资产生的投资收益		−203 389.23
衍生金融工具取得的投资收益	−31 834 830.97	673 093 382.28
持有至到期投资取得的投资收益		5 301 232.87
可供出售金融资产取得的投资收益	69 975 774.52	48 584 216.84
理财产品投资收益	55 267 887.10	1 189 889.41
合计	96 654 919.95	724 364 437.91

3. 营业外收入（单位：人民币元）

项目	本期数	上期数
非流动资产处置利得	1 039 883.33	1 460 226.01
其中：固定资产处置利得	1 039 883.33	1 460 226.01
政府补助	1 363 726 411.04	681 875 856.67
其他	39 525 365.48	22 727 702.28
合计	1 404 291 659.85	706 063 784.96

参考文献

BIBLIOGRAPHY

1. 张新民，钱爱民. 战略视角下的财务报表分析. 北京：高等教育出版社，2017.

2. K. R. 苏布拉马尼亚姆. 财务报表分析. 英文版第 11 版. 北京：中国人民大学出版社，2014.

3. 钱爱民，张新民. 经营性资产：概念界定与质量评价. 会计研究，2009 (8).

4. 张新民. 资产负债表：从要素到战略. 会计研究，2013 (5).

图书在版编目（CIP）数据

从报表看企业：数字背后的秘密/张新民著. —3 版. —北京：中国人民大学出版社，2017.5

ISBN 978-7-300-24345-0

Ⅰ.①从… Ⅱ.①张… Ⅲ.①企业-会计报表-会计分析 Ⅳ.①F275.2

中国版本图书馆 CIP 数据核字（2017）第 093520 号

从报表看企业

——数字背后的秘密（第 3 版）

张新民 著

Cong Baobiao Kan Qiye：Shuzi Beihou de Mimi

出版发行	中国人民大学出版社		
社　　址	北京中关村大街 31 号	**邮政编码**	100080
电　　话	010－62511242（总编室）		010－62511770（质管部）
	010－82501766（邮购部）		010－62514148（门市部）
	010－62515195（发行公司）		010－62515275（盗版举报）
网　　址	http://www.crup.com.cn		
	http://www.ttrnet.com（人大教研网）		
经　　销	新华书店		
印　　刷	北京溢漾印刷有限公司	**版　　次**	2012 年 7 月第 1 版
规　　格	170 mm×230 mm　16 开本		2017 年 5 月第 3 版
印　　张	17.25 插页 1	**印　　次**	2018 年 5 月第 5 次印刷
字　　数	190 000	**定　　价**	58.00 元